宁夏社会科学院文库

动员与发展
——生态移民中的国家与乡村社会

丁生忠　著

Mobilize and Develop:
Ecological Migration in the Country and Rural Society

社会科学文献出版社
SOCIAL SCIENCES ACADEMIC PRESS (CHINA)

宁夏社会科学院文库
编委会

主　任　刘　雨

副主任　段庆林

委　员　（按姓氏笔画排序）

马金宝　刘天明　李文庆　李保平　余　军

郑彦卿　鲁忠慧　雷晓静

总 序

宁夏社会科学院是宁夏回族自治区唯一的综合性哲学社会科学研究机构。长期以来，我们始终把"建设成马克思主义的坚强阵地、建设成自治区党委政府重要的思想库和智囊团、建设成宁夏哲学社会科学研究的最高殿堂"作为时代担当和发展方向。长期以来，特别是党的十八大以来，在自治区党委政府的正确领导下，宁夏社会科学院坚持以习近平新时代中国特色社会主义思想武装头脑，坚持马克思主义在意识形态领域的指导地位，坚持以人民为中心的研究导向，增强"四个意识"、坚定"四个自信"、做到"两个维护"，以"培根铸魂"为己任，以新型智库建设为着力点，正本清源、守正创新，不断推动各项事业迈上新台阶。

2016年5月17日，习近平总书记在哲学社会科学工作座谈会上强调，当代中国正经历着我国历史上最为广泛而深刻的社会变革，也正在进行着人类历史上最为宏大而独特的实践创新。这种前无古人的伟大实践，必将给理论创造、学术繁荣提供强大动力和广阔空间。作为哲学社会科学工作者，我们积极担负起加快构建中国特色哲学社会科学学科体系、学术体系、话语体系的崇高使命，按照"中国特色哲学社会科学要体现继承性、民族性，体现原创性、时代性，体现系统性、专业性"的要求，不断加强学科建设和理论研究工作，通过国家社科基金项目的立项、结项和博士学位论文的修改完善，产出了一批反映哲学社会科学发展前沿的研究成果。同时，以重大现实问题研究为主要抓手，建设具有地方特色的新型智库，推出了一批具有建设性的智库成果，为党委政府决策提供了有价值的参考，科研工作呈现良好的发展势头和前景。

加快成果转化，是包含多种资源转化在内的一种综合性转化。2019年，宁夏社会科学院围绕中央和自治区党委政府重大决策部署，按照"突出优势、拓展领域、补齐短板、完善体系"的原则，与社会科学文献出版社达成合作协议，分批次从已经结项的国家社科基金项目、自治区社科基金项目和获得博士学位的毕业论文中挑选符合要求的成果，编纂出版"宁夏社会科学院文库"。

优秀人才辈出、优秀成果涌现是哲学社会科学繁荣发展的重要标志。"宁夏社会科学院文库"，从作者团队看，多数是中青年科研人员；从学科内容看，有的是宁夏社会科学院的优势学科，有的是跨学科或交叉学科。无论是传统领域的研究，还是跨学科领域研究，其成果都具有一定的代表性和较高学术水平，集中展示了哲学社会科学事业为时代画像、为时代立传、为时代明德的家国情怀和人文精神，体现出当代宁夏哲学社会科学工作者"为天地立心，为生民立命，为往圣继绝学，为万世开太平"的远大志向和优良传统。

"宁夏社会科学院文库"是宁夏社会科学院新型智库建设的一个窗口，是宁夏社会科学院进一步加强课题成果管理和学术成果出版规范化、制度化的一项重要举措。我们坚持以习近平新时代中国特色社会主义思想为指引，坚持尊重劳动、尊重知识、尊重人才、尊重创造，把人才队伍建设作为基础性建设，实施学科建设规划，着力培养一批年富力强、锐意进取的中青年学术骨干，集聚一批理论功底扎实、勇于开拓创新的学科带头人，造就一支立场坚定、功底扎实、学风优良的哲学社会科学人才队伍，推动形成崇尚精品、严谨治学、注重诚信的优良学风，营造风清气正、互学互鉴、积极向上的学术生态，要求科研人员在具备专业知识素养的同时，将自己的专业特长与国家社会的发展结合起来，以一己之长为社会的发展贡献一己之力，立志做大学问、做真学问，多出经得起实践、人民、历史检验的优秀成果。我们希望以此更好地服务于党和国家科学决策，服务于宁夏高质量发展。

  路漫漫其修远兮，吾将上下而求索。宁夏社会科学院将以建设特色鲜明的新型智库为目标，坚持实施科研立院、人才强院、开放办院、管理兴院、文明建院五大战略，努力建设学科布局合理、功能定位突出、特色优势鲜明，在全国有影响、在西部争一流、在宁夏有大作为的社科研究机构。同时，努力建设成为研究和宣传马克思主义理论的坚强阵地，成为研究自治区经济社会发展重大理论和现实问题的重要力量，成为研究中华优秀传统文化、革命文化、社会主义先进文化的重要基地，成为开展对外学术文化交流的重要平台，成为自治区党委政府信得过、用得上的决策咨询的新型智库，为建设经济繁荣民族团结环境优美人民富裕的美丽新宁夏提供精神动力与智力支撑。

宁夏社会科学院
2020 年 12 月

序

丁君生忠博士的专著即将付梓，嘱咐末学写一篇序。末学乃一普通学人，学无所成，为人写序无所助益，因此一开始婉拒了他。但生忠很执着，不求名家，不为助力，但求与他有多年师友关系的末学为他随便说几句话即可。这样看来，为生忠写序其实是一件轻松愉快之事，于是末学在推辞一番之后，转而欣然应允，以了其愿。

生忠的这部专著以宁夏生态移民项目为个案，研究在生态移民过程中展现出来的国家与乡村社会的关系问题。翻开这本书，首先浏览目录，即觉清风拂面，有爽快灵动之感。一般的学术著作，目录的面目就因为过于死板而令人生厌，所以先览目录即有不愿详读的心理。生忠的这部著作，各章节目录既以研究主线一以贯之，又能各现其异而呈多彩，既有对仗整饬之感，又有变化纷呈之态，标题句式多有变化，用词精练准确，章节之间层次清晰，逻辑关联性很强，看过目录就想赶快阅读正文。单就这一点来说，这本书也是很见亮点的。

该书的优点当然不只在于目录，更表现在其内容的理论分析方面。该书以"国家—社会"的分析框架为其总体研究架构，辅之以具体个案，形成了宏观视野和微观分析有机结合的研究视角，这种视角是社会学学者们一直在努力追求的整体视角，生忠在该书中比较娴熟地驾驭了这种视角。其宏观视角以国家的扶贫政策为主线，对移民搬迁过程中国家/政府和移民群众之间的复杂关系进行了比较客观和深入的解析，这些解析有助

动员与发展：生态移民中的国家与乡村社会

于学术界对这种关系的进一步思考，也有助于政府在相关政策层面的改革。其微观视角以移民个体的行动逻辑为辅线，主要运用观察法、访谈法和问卷法展开资料搜集工作，勾勒出移民群众在生态移民过程中的生活变迁、心态变化、利益衡量、文化愿望等，这方面的论述具有比较清新实际的现实特性。

在这种客观完整的视角之下，生忠对生态移民过程中的国家与乡村社会关系进行了自己独到的思考，提出了一些很有新意的看法。他很熟练地运用了"国家—社会"的分析框架，并把这一框架与中国自身的现实密切地结合了起来。"国家—社会"的分析框架源自将国家与社会分立开来进行研究的西方学术传统，生忠在使用这一框架的过程中，很明白中国的国家与社会关系和西方的国家与社会关系不一样这个基本的事实，因此他并没有如同西方学者那样将国家和社会的关系看成对立的关系，而是看成一种于博弈中求合作的关系状态。中国的国家与社会关系具有中国特色，国家是具有仁民亲民性质的社会代表，而不是社会的挤压者和对立面，社会是国家框架下的和谐社会，而不是与国家相对立、对抗的力量。生忠敏锐地体察到了中国国家与社会的这种独特关系，并通过自己的项目研究，将这种关系概括为"动员与发展"的关系。"动员"与"发展"两个关键词，可谓抓住了生态移民行动中的两个关键点：国家进行发展动员，乡村社会实现发展。这是一种既具有国家政治意义，也具有社会治理意义的良性关系状态，而将这种良性关系设定于生态移民社会中，更具有一种特殊的价值和意义。

除了这种研究视角和研究框架的独特性之外，生忠在对生态移民中的国家与乡村社会的具体关系探讨中提出了构建国家与乡村社会"权力结构平衡关系的再生产"这种设想。中国的现代化是一种有别于西方的"规划性现代化"，这种现代化的特征就是国家宏观规划战略引导现代化的发展方向和进程，其目的是全面实现社会主义现代化和中华民族伟大复兴。镶嵌于这种"规划性现代化"之中的中国乡村社会的现代发展则与国家整体发展战略同步同调进行。从这个意义上说，中国乡村现代化的过程，也是现代国家建构的过程，乡村社会的转型不仅意味着农业生产模式、农村社会结构、农民生活方式的转型，还意味着乡村振兴建设的逻辑变化，意味着实现"富强、民主、文明、和谐、美丽"的乡村新风貌。生忠从乡村社会治理和乡村社会振兴等角度对这一理念进行了理论分析，这是很有见地的思路，以后如能从这方面入手进行一些更为深入的理论探讨和实证研究，将是很有学术意义的。

生忠与末学的学术和生活因缘很深，他于2005年考入西北师范大学社会学专业攻读硕士学位，三年中与末学和其他同学过往甚勤，给末学留下的印象很深刻。生忠精干、真诚、稳重，甘于平凡而不甘平庸，追求理想而富于韧性，勤学而善修其业，谦虚而善纳人言，最初学习社会学专业时知识基础较薄弱，到毕业时已经具备了学术敏感性和扎实的学科知识。2012年考入兰州大学攻读民族社会学专业博士学位，经由高永久、赵利生等先生的锤炼与熏陶，学术视野更加开阔，学术研究能力有了更大的提升。这本书正是他在博士学位论文的基础上完成的，看到他今天能有这样的成就，作为多年的师友，末学感到非常欣慰，期望他能在将来的学术研究中扎根于西北特别是乡村的"草根"生活，发挥他的特长，取得更突出的学术成绩。而末学所写文字，只是个人浅读生忠著作的一点感想，并无虚言夸大之意，如有不妥不实之处，敬请读者直言批评且宽容谅解。

是为序。

贾应生
2020年3月11日于金城

目 录

第一章　导论 ··· 001
　第一节　研究主题 ·· 001
　第二节　文献综述 ·· 011
　第三节　研究设计 ·· 024

第二章　生态移民概述 ··· 034
　第一节　生态移民路径 ·· 034
　第二节　生态移民素描 ·· 041
　第三节　生态治理蓝图 ·· 046
　第四节　小结 ··· 052

第三章　生态移民前：国家与乡村社会的格局 ························ 055
　第一节　乡村社会现实境遇 ·· 055
　第二节　政府嵌入乡村社会 ·· 068
　第三节　乡村社会发展难题 ·· 077
　第四节　小结 ··· 081

第四章　生态移民中：乡村社会与国家的博弈 ························ 083
　第一节　政府实施生态移民规划 ··· 083

第二节　移民群众回应搬迁政策……………………………… 095
　　第三节　移民群众与政府的博弈………………………………… 109
　　第四节　小结…………………………………………………… 116

第五章　生态移民后：国家与乡村社会的新秩序……………… 118
　　第一节　乡村社会理性化……………………………………… 118
　　第二节　乡村社会的治理……………………………………… 126
　　第三节　乡村社会科层化……………………………………… 133
　　第四节　乡村社会的发展……………………………………… 139
　　第五节　小结…………………………………………………… 153

第六章　国家与乡村社会权力结构平衡关系再生产…………… 155
　　第一节　政府规划性现代化…………………………………… 157
　　第二节　乡村社会发展趋向…………………………………… 159
　　第三节　乡村社会振兴建设…………………………………… 163

附录一　生态移民搬迁访谈提纲………………………………… 180

附录二　访谈对象一览表………………………………………… 183

参考文献…………………………………………………………… 188

后　　记…………………………………………………………… 209

第一章 导论

第一节 研究主题

一 研究缘起

2000年9月,联合国千年首脑会议在纽约联合国总部召开,会议的主题是"21世纪联合国的作用",会议签署了《联合国千年宣言》,确立了"发展与消除贫穷"等核心议题,会议通过了一项旨在将全球贫困水平根据1990年的水平标准在2015年之前减低一半的行动计划。2016年在联合国大会第七十届会议上通过《2030年可持续发展议程》,涉及经济、社会和环境三个层面,呼吁各国采取行动,今后15年实现17项可持续发展目标,其中前两项目标就直接指向贫困问题,分别是:"在全世界消除一切形式的贫困";"消除饥饿,实现粮食安全,改善营养状况和促进可持续农业"。这些目标述及发达国家和发展中国家人民的需求,并强调不会落下任何一个人,这承载了人类对美好生活的向往与发展的期盼。伴随着国际扶贫开发行动,中国一直在积极推进扶贫开发事业特别是关于农村地区的扶贫开发,并根据经济社会发展状况不断调整扶贫政策,提高贫困线标准,提出了全面建成小康社会、实现中华民族伟大复兴的宏伟目标。

(一)农村扶贫结构变迁

粗放型扶贫:"区域"瞄准。20世纪80年代以后国家农村扶贫的重点是区域扶贫，以县为单位在中西部地区的广大农村地区扶贫，扶贫方式由改革开放以前的"输血机制"转变为"造血机制"，也就是说，扶贫资金、物资按照贫困人口多少直接分配到人或户，变成政府将扶贫资金按照项目的形式补贴给贫困户搞种植养殖，或者政府以"贴息"形式支持金融机构给贫困户贷款。从1982年开展"三西"（甘肃的河西、定西和宁夏的西海固地区）农业建设项目开始，国家每年投入资金2亿元（甘肃1.66亿元、宁夏0.34亿元）实施扶贫移民搬迁开发，有计划、有组织、大规模地进行开发式扶贫，旨在从根本上解决"三西"地区群众的贫困问题。对于"三西"农业建设和扶贫移民搬迁，国家的扶持资金前后持续了三个阶段，共计27年时间。20世纪90年代以后，在市场机制和国家扶贫开发政策的双重作用下，中国的贫困状况发生了巨大改观。为了实现党的十三大提出的国家经济建设分三步走的总体战略部署，在解决人民群众温饱问题的基础上生活达到小康水平，1994年国务院制定了《国家"八七"扶贫攻坚计划》，对集中在全国592个贫困县的800万农村人口重点扶贫，移民搬迁的范围进一步扩展，由西北地区的甘肃、宁夏延伸至东北地区的辽宁、吉林，华南地区的广东，华北地区的山西和华中地区的湖北以及内蒙古等17个省（区）。之所以实施区域开发扶贫工程，是因为：一方面，在改革开放初期，贫困人口大面积存在，这样做既可以瞄准区域也能够使大量的贫困人口受益；另一方面，限于国家当时的经济社会发展水平，通过粗放型扶贫瞄准贫困区域，在解决贫困群众温饱问题的基础上，移民搬迁至开发新区生产生活，以国家"赋权"的方式给贫困人口提供发展机会。

集约型扶贫："整村"瞄准。进入21世纪，农村贫困状况明显改变，虽然贫困人口仍然主要集中在中西部地区，但是呈分散化分布，国家改变了以县为单位的扶贫策略，制订了以村为单位的扶贫计划，"整村推进"，结合国际上的扶贫经验，在理论层面提出"参与式扶贫"，确保贫困农户参与项目建设。2001年国家制定《中国农村扶贫开发纲要（2001—2010年）》和《关于易地扶贫搬迁试点工程的实施意见》，提出"稳步推进自愿移民搬迁"，对宁夏、内蒙古、贵州、云南等省区经济发展落后、生活条件差的地区实施易地扶贫搬迁，涉及约74万名贫困群众。同时，在广西、四川、陕西、甘肃等四省区实施约4万名贫困群众的小规模搬迁。2004年移民试点范围扩大至九省区，包括西北三省区（陕西、宁夏、青海）、西南三省（云南、贵州、四川）、华北二省区（内蒙古、山西）以及华南的广西，从此扶贫移民（生态移民）在全国经济社会发展的落后地区全面展开。

精准型扶贫："个体"瞄准。2013年11月国家提出"精准扶贫"，要求"实事求是，不要定好高骛远的目标"，此后中央出台了《关于创新机制扎实推进农村扶贫开发工作的意见》，提出了改进贫困县考核、干部驻村帮扶、扶贫资金管理、金融服务、社会参与等扶贫工作机制，呈现"合作型反贫困"的局面。随后国务院制定了《建立精准扶贫工作机制实施方案》，建立了统一的扶贫对象识别、帮扶、管理和考核策略，统一的信息化网络服务平台，引导各类资源向贫困村、贫困户倾斜。基于"个体"的精准扶贫，旨在实现两个目标：一是全国所有贫困县到"十三五"末全部摘帽，改变多年来各地不加区分地以贫困县为名，争取国家资金的"畸形"现象，重新整合扶贫机制，重新制定相关政策；二是所有贫困"个体"脱贫，全面建成小康社会。

（二）农村扶贫体系建构

其一，扶贫目标建构。社会建构论认为人类不是发现了这个世界，而是引入某个结构在某种意义上"创造"的，强调建构的社会性、情境性、主动性，即知识是被主动构造的（伯格、卢克曼，2009）。在社会建构论者看来，扶贫实践活动的核心是行动主体——政府制定目标、实施扶贫措施，行动客体——贫困群体接受行动主体的扶贫规划，并配合完成预期任务。中国农村扶贫的"本质"是脱贫致富，但是在不同时期扶贫行动主体目标的"建构倾向"以及"时间和空间的客观性"，"在各种情况下都是由社会再生产的实践所赋予的，社会实践活动在地理和历史上是变化的，各种独特的社会生产方式或社会构成方式，都将体现出一组独特的社会时间和社会空间的实践"（Harvey，1989）。在中国农村扶贫开发中，1978~2000年的既定目标是解决温饱问题，21世纪初全面建成小康社会又分为两个步骤完成，前十年打基础，后十年完成（见表1-1）。扶贫的空间布局是从区域试点到全面展开，从"个体倾向"到"集体倾向"，扶贫也是政府与贫困群体的"互动"实践。

表1-1 中国农村扶贫各阶段的目标

时间阶段	目标
1978~2000年	解决温饱
2001~2010年	为达到小康水平创造条件
2011~2020年	全面建成小康社会
2020~2035年	基本实现社会主义现代化
2035~2050年	建成社会主义现代化强国

布迪厄（Bourdieu，1998）认为："社会阶级（阶层）并不存在，存在的只是各种差异的社会空间，阶级（阶层）只是以某种可能的方式存在于其中，它们并非固然，而是有待形成的事物。"贫困群体作为一个特定的社会阶层，总是客观存在的，贫困在实证主义者看来是客观问题，其实贫困也是社会的产物，是通过社会建构的集体性工作产生的。贫困阶层是一群在社会空间中有相似位置，并受到相似约束的行动者主体的组合，他们有相似的阶层"惯习"，这些相似性惯习又会导致他们具有共同的实践。个体的实践行动，体现着社会文化、结构和思想意识的生产和再生产。贫困文化影响贫困者的行为方式和思维方式，扶贫开发既是对扶贫对象的实践，也是扶贫开发者的行动选择。在21世纪以前国家扶贫的目标是解决贫困群体的温饱问题，同时，让文化区隔传递"自身位置感"和实施话语的"象征符号权力"。农村扶贫阶段性目标的确定，也随着经济社会发展水平的提高而改变。2010年，中国GDP超过日本，成为世界第二大经济体，为到21世纪中叶建成富强、民主、文明、和谐、美丽的社会主义现代化强国奠定了坚实的基础。

其二,扶贫标准建构。社会建构论在扶贫实践探索方面,阐释了政府与贫困群体对贫困的认知,政府是如何根据农民人均纯收入的客观现实,制定贫困线标准并付诸行动的,又是如何通过与贫困群体的互动达到当时的状态的。

从国内看,在1985年到2019年的扶贫实践中,中国农村扶贫发生了巨大变化,农民人均纯收入和贫困线标准逐步提高,贫困人口数量处于变动状态,关键节点是2011年(见表1-2)。随着国际贫困线标准的提高,中国新贫困线标准(2300元)比2010年(1274元)提高了81%,贫困人口由2010年的2688万人增加到了8200万人,贫困发生率增至12.7%,接近1985年的水平。此后,随着国家扶贫政策的进一步推进,贫困人口数量逐年下降。诺曼·费尔克拉夫(Fairclough,1992)认为:"话语不仅表征社会实体和社会关系,而且还建构它们,不同的话语以不同的方式建构关键性实体。"

表1-2 中国农村贫困线变化情况(1985~2019)

年份	农民人均纯收入(元)	贫困线标准(元)	贫困人口(万人)	贫困发生率(%)
1985	423.8	213	13100	15.5
1990	686.3	300	8500	9.4
1994	1221.0	440	7000	7.7
2000	2253.4	625	3209	3.4
2005	3255.0	683	2365	2.5
2011	6977.0	2300	8200	12.7
2015	11422.0	2300	5575	5.7
2016	12363.4	2300	4335	4.5
2017	13432.4	2300	3046	3.1
2018	14617.0	2300	1660	1.7
2019	16020.7	2300	551	0.6

资料来源:国家统计局(2020);中国统计出版社(2020)。

从国际上看,无论是发达国家还是发展中国家都根据自己的国情制定了相应的贫困线标准(见表1-3)。这些标准可被分成两种情况:一是精确贫困线标准,例如中国、美国、日本、印度、南非;二是模糊贫困线标准,例如欧盟成员国、新加坡。此外,发达国家的贫困线标准高于发展中国家,共同点是各国都在调整贫困线标准,而且国际贫困线标准也从每人每天1.25美元提高到1.9美元。可见,"人们使用语言去建构不同版本的社会世界,对事物的解释是建立在已有的各种现实材料基础之上,并通过主动筛选,强调解释的效力性和结果性"(Potter & Wetherell,1987)。不同国家制定的贫困线标准,体现了世界上贫困问题、扶贫行动及各国(地区)对贫困生活看法的多样化。

表1-3 世界银行及部分国家贫困线标准

	贫困线标准
世界银行	每人每天生活费不足1.9美元(每年约693美元)
中国	2011年农民人均年纯收入2300元(约合481美元)
美国	以购买基本粮食3倍计算,2011年四口之家为22380美元
欧盟成员国	收入中位数的50%~60%
日本	四口之家年收入2.2万美元
新加坡	没有官方标准线,收入最低的20%为贫困户
印度	2011年农村每人每年9855卢比(约合146美元)
南非	以2006年价格计算每人每年157315兰特(约合10524美元)

社会政策分为两种类型——应急型和储备型。前者追求眼前效益,长期效益和综合效益或许为零,甚至为负;后者强调前瞻性、综合性和长期性,当前效益并不明显(景天魁,2014)。反贫困的社会政策是每个国家综合考量经济社会发展水平后做出的规划,中国政府不断调整扶贫政策,从应急型向储备型转变,避免反贫困政策(例如贫困线标准执行)因时间性和空间性转换产生新的社会问题。

其三,扶贫模式建构。为避免在时空推移中发生偏移,需要社会政策的制定者和执行者因势利导,调整"靶向",核对目标。"中央—地方"

政府的关系是贫困治理的一个重要变量。从宏观层面看,中央政府是贫困治理政策的制定者,地方政府是贫困治理政策的执行者,形成"纵向规划,横向执行"的区域"网格化"扶贫模式结构。从中观层面看,地方政府是区域性贫困治理政策的制定者,基层政府是辖区贫困治理政策的执行者,从而确保精准扶贫落实到"个体",精准到村、到户、到人(见表1-4)。在传统上,空间被人们视作客观的外在的存在,即一种"自然化"的东西,例如中央和地方的空间布局是凝固的、静止的;在后现代社会,人们的时空感受随着现代科技和通信技术的发展而发生变化,时间消解了空间,而且不同的空间叠加形成"超现实"的空间,对我们的生活和思维方式产生影响(林聚任等,2016:233)。中央政府精准扶贫的政策及模式通过现代媒体发布后,同时被地方政府及各群体"共时性"、"共空间性"地立体解读,形成新的组合意象。地方政府兼具"政策执行者"和"政策制定者"的身份,又被置于扶贫对象和上级部门的双重视野,被建构在新的时空场域中。

表1-4 扶贫模式与目标

	政策制定者	政策执行者	扶贫目标
宏观层面	中央政府	地方政府	区域(整体)
中观层面	地方政府	基层政府	片区(个体)

(三)农村移民扶贫

国家实施生态移民搬迁,从宏观方面看是进行现代化建设,从微观方面看是进行开发性扶贫、生态保护。贫困问题总是和生态问题交织在一起,根据第五次全国荒漠化和沙化监测,截至2014年,我国荒漠化土地面积261.16万平方千米,占国土总面积的27.20%;沙化土地面积172.12万平方千米,占国土总面积的17.93%。与2009年(第四次监测)相比,5年间荒漠化土地面积净减少12120平方千米,年均减少2424平方千米;沙化土地面积净减少9902平方千米,年均减少1980.4平方千米。虽然荒漠化和沙化状况连续3个监测期"双缩减",但防治形势依然严峻,其中,新疆、内蒙古、西藏、甘肃、青海最为严重(国家林业局,2015)。1997年的黄河断流与1998年的长江洪水震惊国人,1999年国家提出"退耕还林还草"工程建设,为响应国家号召,次年宁夏回族自治区政府在中南部地区实施生态建设工程,2003年开始在全区范围内封山禁牧。与此同时,为加强对六盘山区水源涵养地的保护,有效实施生态修复规划,宁夏回族自治区政府大力推进生态移民工程。

根据自然资源和环境状况,整个宁夏分为南部山区、中部干旱带和北部引黄灌区,人口分别占全区总人口的19.49%、16.17%和64.34%,南部山区的土地面积和耕地面积均占全区的1/3,而灌溉面积不足全区的10%,以传统农业生产为主,现代化程度低,农户赖以生存的生态系统提供的产品和服务基础薄弱,经济收入只能维持简单的生计,贫困人口多,致使人口、资源、环境的关系严重失衡。宁夏南部山区是政府扶贫开发的重点地区,经历了早期的救助式扶贫到后来的开发式扶贫方式的转变,移民搬迁是其中的策略之一。20世纪80年代以来,宁夏回族自治区政府就实施移民搬迁,后来称为"生态移民"。广义的生态移民分为两个阶段:吊庄移民阶段和生态移民阶段。安置模式也有两种,从搬迁区域看,一是从中南部山区向北部川区搬迁,实施引黄灌溉;二是从中南部山区向当地相对平坦的川地搬迁,实施扬黄灌溉。从是否分配土地看,包括"有土安置"和"无土安置"。生态移民的两个阶段和两种安置模式都是由政府组织并主导实施,意在通过生态修复、扶贫开发进行现代化建设。2012年6月宁夏回族自治区政府提出"建设和谐富裕新宁夏,与全国同步进入小康社会"的目标,这一年也是宁夏实施"十二五"生态移民的第二年。

M镇属于宁夏生态移民搬迁的安置区之一,该镇是福建省对口支援宁夏时与宁夏回族自治区政府共同兴建的,1990~2019年从宁夏南部山区的西吉县、海原县、隆德县、泾源县、原州区搬迁群众3.2万人,其中"十二五"时期搬迁1.78万人,现该镇有6个行政村,人口4.4万。2013

年5月宁夏回族自治区政府确定M镇实施扩权强镇，旨在打造生态移民和城镇化建设的示范点。宁夏生态移民安置点众多，基本都大同小异，M镇可谓其中的一个缩影。

生态移民搬迁中政府在行动，农民群体也在行动。政府整体性规划的移民搬迁，不但改变了农民群体居住的空间结构，也改变了乡村社会原有的"基因排序"。生态移民是一项非常复杂的系统工程，各行动主体的利益诉求趋于多元化，在移民搬迁的前、中、后各阶段产生了一系列的问题。

二 基本问题

在地方政府看来，生态移民是一件利国利民的好事，既有利于现代化建设，又有利于生态文明建设，同时能够改善农民群众贫困落后的面貌，可谓"一石三鸟"，移民群众理应积极配合。

然而，农民群众对政府规划的美好蓝图并不满意。地方政府不得不采取两种措施，一是"正式制度"下的刚性行政动员，二是"非正式制度"下的柔性措施，如找模范树典型、给予奖励等，两者合称"经营式动员"。从历史上看，移民都是从人口稠密的地区向人口稀少的地区迁移，那里有可开垦的土地，这既可以充实边疆，又可以增加赋税（王晓毅，2011）。然而，生态移民由政府统一规划，花费巨资，并承诺提高移民生活水平，一般是向人口稠密地区迁移，实现现代化。但农民群众的热情不高，其原因何在？由此衍生出两个具体问题。

其一，从宏观上看，国家规划性现代化的结构性张力，在国家与乡村社会中产生了怎样的影响？

其二，从微观上看，生态移民中的两个行动者——政府与移民群体是怎样互动的，各自的行动逻辑是什么？

三 研究意义

（一）理论意义

国家与社会关系总是在特定的场域中进行互动，一方面，国家是社会中的国家，作为社会的代理人行使权力，社会的构成要素是国家权力运作的基本前提，也是一种制约机制。同时，国家自身的制度状态在特定的情形下通过"正向谐变"和"逆向谐变"（郑杭生、杨敏，2010：449、450），通过法规或政策文本的形式对社会产生巨大的形塑力量。另一方面，社会各种权力机制，虽然并非正式的规则，但是作为"地方性知识"（吉尔兹，2004）作用于国家，也在形塑着国家。在国家规划性现代化建设过程中，难免出现社会冲突，以国家主导的民生工程——生态移民工程来说，它被迁移对象以社会越轨的方式回应。换句话说，构建良性协调的国家与乡村社会关系，促进乡村社会的可持续发展、有效治理是理论旨趣。

（二）现实价值

通过对生态移民案例的深入剖析，探索国家政策进入乡村社会的方式，以及乡村社会对国家政策的进入做出的回应。生态移民是政府规划性移民，也就是政策性移民。政府试图通过将扶贫开发与生态修复融为一体，实现现代化。移民项目实践中的各个行动者既有以"发展"为目标的共同追求，也呈现出不同的利益诉求，政府的利益诉求和乡村社会行动主体——移民群体的利益诉求有差异；积极移民与消极移民的利益诉求也不相同。政府主导民生工程的实践行动，首先，政府通过项目扶贫进入乡村社会，打破乡村社会"纯粹"的结构秩序，在某种程度上促进了乡村社会发展，但是在调动扶贫对象的积极性上有待改进。其次，政府层级间通过"政治动员"的制度逻辑，使下级政府落实上级政府安排的移民搬迁工作，政府与农民因搬迁开始互动，具有"生存理性"的移民群体的"越轨"行为，致使具有"政治理性"的政府不断"变通"移民政策。这种制度逻辑中正功能和负功能并存，可通过完善法制，发挥其正功能。最后，移民群体在迁入地的可持续发展与有效治理是生态移民的重点和难点，也是这类民生工程成败的关键，关系国家扶贫开发的运行和生态治理的完善。

第二节 文献综述

一 国家与社会理论回溯

（一）何为国家？何为社会？

国家的定义是逐步融合的"社会事实"，在马克斯·韦伯看来："国家是在既定疆域中（成功地）垄断暴力的合法使用权的人类共同体……国家是统治者的关系集合，是用于统治的强制性组织。"韦伯指出："现代国家是一个实行支配的必要组织。"（Weber，1958：78-82）此后，学者们对国家概念的修正，基本依据韦伯的观点，强调国家的制度性特点和立法功能。吉登斯（1998a：18）指出，国家有时指政府机构，有时指归这些政府机构所支配的整个社会体系，为了便于区分，他将前者称为"国家机器"，将后者称为"社会"或"文化"。杜尔干①（1999）认为："国家是社会思想的喉舌，凡是社会思想都来源于国家。"这一概念有别于韦伯的概括，但是显然没有韦伯定义得恰当。米格代尔的国家概念是一个全新的定义，他提出的"分解式国家"理论认为"国家是一个权力的场域，其标志是使用暴力和威胁使用暴力"，国家要面对两个因素的影响——"观念和实践"，所谓观念包括两个边界，一是国与国的边界，二是国家机构及其人员和民众（社会）的边界，所谓实践就是国家机构及其人员的常规工作（米格代尔，2013：16~18）。米歇尔·福柯把米格代尔所使用的实践直接称为政府的政策。米格代尔（2013：122~126）把国家（政府）由低到高分为四个层级：（1）第一线分支机构的人员，他们是与社会力量打交道的公务人员，包括收税人、警察、教师、士兵及直接执行国家法令的官吏；（2）分散各地的下层机关，是在地域范围内发挥作用的办公署、立法部门、法院和军警系统；（3）部门中心机构，是

---

① 杜尔干又译作涂尔干，此处从书名。

中央各部门，负责全国政策形成、立法及资源分配，它们直接对国家最高领导层负责；（4）最高领导机构，是国家的最高行政领导，包括总统、总理甚至党政集团。也有学者认为国家机构可分为：生产性组织、程序性组织、公益性组织、应付性组织（威尔逊，1995：195）。国家的不同机构或部门在行政体系中都会竭力维护自己的权力，提高对资源的动员和支配能力，在国家"实践"（政府政策执行）中各机构是非同质性的，对于同一个政策议题国家各部门的解读和执行也很难统一。

此外，迈克尔·曼在《社会权力的来源》中把国家权力分为强制性权力和基础性权力。前者指国家政治精英统治社会力量的分配，它的实施不需要与作用对象协商，而是直接落实；后者指国家向社会的渗透，是国家政策在社会的落实。依据迈克尔·曼的论述，国家政策通过强制性权力在所辖区域内的执行中，常会遭遇社会组织的反抗，但是可以采用基础性权力与社会组织协商，实现共同发展。

在西方话语体系中，社会一般指公民社会。但是，米格代尔所说的社会并不是指公民社会，他认为："社会作为整体包括其他组织的成分，一些社会成分反抗国家，另一些社会成分对国家和公民社会都不买账，还有一些重要社会成分对国家处于一种（公开或隐蔽的）抵抗关系，或者处于一种寻求改变和利用国家的某些部分为自己服务的关系。"同时，他指出："社会力量向不同的方向发展，极大地影响着国家。"（米格代尔，2013：136、137）

（二）"国家与社会"理论的应用

"国家与社会"关系理论框架源自对黑格尔、马克思理论的挖掘，是20世纪80年代以来研究中国问题的一个主流分析框架，在社会学、政治学、经济学和人类学等学科中广泛使用，解释了诸多社会现象。

其一，"国家政权建设理论"的研究范式。"国家政权建设理论"由查尔斯·蒂利（Charles Tilly）等学者提出，在国家政权建设中，既是国家权力的扩张，又是国家组织角色的转变，通过制度、法律和税收等方式把稀缺的资源集中起来，以推动现代化建设。

第一章 导论

20世纪20年代至40年代中期：士绅社会模式。对于近代中国的国家与社会关系的研究主要有两种观点："士绅社会"、"东方专制主义"。前者认为士大夫是拥有相同文化底蕴的精英群体，是国家政权建设的接力者和乡村社会的"民间领袖"，可平衡协调国家与乡村社会的关系（罗兴佐，2006）。相关概念和理论如萧公权《中国乡村》中的"控制与和解"；梁漱溟《乡村建设理论》中的"伦理本位"；张仲礼在《中国绅士——关于其在十九世纪中国社会中作用的研究》中提出的"士绅官僚化"；费孝通在《乡土中国》中提出的"乡村社会的衰败"和"差序格局"；杜赞奇（Prasenjit Duara）在《文化、权力与国家》中提出的"赢利型经纪"和"保护型经纪"；萧凤霞在《华南的代理人和受害者：乡村革命的协从》中提出的社区变成"细胞化"的单位，同时新政治精英成为"行政化细胞"的"管家"等。后者如魏特夫在《东方专制主义》一书中通过对国家治水过程的分析指出，治水国家的政府拥有强大的控制力，同时可以调动国家任何资源，非政府性质的团体则结合起来对抗国家（魏特夫，1989；转引自罗兴佐，2006）。

20世纪40年代末至70年代：总体性社会结构模式。孙立平等认为改革开放前的中国社会是"总体性社会结构"，即国家与社会合二为一，国家控制着所有的社会资源，政治、经济以及意识形态高度集中，国家能够进行有效的组织动员。改革开放打破了这种限制，社会利益结构逐渐分化、重组（孙立平、王汉生等，1994）。华尔德（Walder）（1996）教授认为在包括中国在内的社会主义国家，执政党的行为就是国家的行为，国家对整个社会实施总体性治理，而社会已经原子化了。与此同时，随着社会的发展，国外对社会主义国家的调查研究更深入，极权主义范式遭到越来越多的批判，逐渐向现代化理论范式转变。斯达克（David Stark）和维克多·倪（Victor Nee）主编的《社会主义经济制度的重建》（*Remaking the Socialist Economic Institutions*）中提出经济行为嵌入社会关系之中，是"国家社会主义"的"混合经济"理论，匈牙利经济学家科尔奈认为该范式带有父权制的特点（孙立平，1997）。

动员与发展：生态移民中的国家与乡村社会

美国学者赵文词（Madsen，1984）从政治文化的视角分析了陈村的道德权威与政治秩序，认为道德话语在国家、行动者、社区之间的互动中通过村干部的言行分析国家意识形态与传统道德之间的矛盾与冲突，揭示了在国家改造乡村社会的同时传统社会也在影响着国家。另一位美国学者戴慕珍（Jean C. Oi）在《中国乡村经济的起飞》（*Rural China Takes Off*）中从"结构性动因"和"法团化"角度，分析了地方政府的政策选择及其与中央政府的博弈，揭示了乡村经济的发展与制度变迁的关系。在经济转型中，政党、地方政府、企业纠缠在一起形成一个利益共同体，地方政府和地方工商业相结合形成地方法团政府，成为乡村经济发展的制度基础，在非集体化、财政改革的结构性动因（即制度性的刺激政策）的作用下推动乡村经济发展，这是体制改革在乡村的展示。此外，黄树民的《林村的故事》是国家政治变革在个体上的缩影，通过党支部书记的亲身经历，反映了国家政策在农村从解放初期、人民公社化时期、"大跃进"时期到"文化大革命"时期的变化。

英国汉学家莫里斯·弗里德曼（2000）用非洲世系群模式，研究中国汉族村落社会的宗族，强调在中国村落研究中应该注意分析国家与社会、历史与现实的关系。美国学者施坚雅（1998）研究了在集市社区范围内的中国村庄，认为集市就是一个社会体系，因为中国农村市场结构具有传统农耕社会的所有特征，村落是探讨农村的基本单位。

20世纪八九十年代：新权威主义模式。新权威主义指改革开放以后，中国政府用强有力权威推进经济发展，这个阶段的社会结构逐渐多元化，社会各阶层在市场经济建设的场域中社会分工更加细化，更关注生活水平的提高（萧功秦，2008：113~127）。

从文化角度看，20世纪以来国家的主导文化渗透和冲击着乡村社会的各领域，同时乡村社会对政治运动和"规划的社会变迁"做出积极回应。有学者研究了民族国家与传统的家族社会组织的关系，指出社会的超越性与村落的地方性之间的问题，构建了村落与超越村落的国家和社会力量之间的框架结构（王铭铭，1997：4～7）。从经济角度看，有学者对农村改革的发源地——安徽小岗村50多年来的政治、经济和社会变迁过程进行了回溯与反思，指出运动型的嵌入性政治对村落经济发展具有负面效应，过度的政治嵌入可能破坏乡村社会的原生态机制，应该通过增加农村资金投入、为农民提供服务来推动乡村社会发展（陆益龙，2007）。

其二，"社会中的国家"的研究范式。"社会中的国家"是相对于"国家主导论"提出的，有学者指出国家极少能摆脱社会独立"自主"地运行，国家的"效力"常常与社会紧密相关，在国家和社会某些部分之间的互动变化中，国家的"效力"也随着社会的变化而变化（张静，1998）。由此可见，国家与社会本质上是互嵌的，两者之间的界限是变动不居的。

静态视角：制度结构分析。有学者用"正式权力"的"非正式运作"概括乡镇对村庄展开工作的方式，进而探讨了国家与村庄的关系（孙立平、郭于华，2000）。村干部是国家与农民互动的中介人，扮演着国家代理人和村庄当家人的"双重角色"，是村民眼中的"干部"和政府眼中的"农民"。就"经纪人"延伸出的"经济模式"而言，地方精英作为国家和基层社会的中间人具有独立性，村干部既不是"赢利型经纪"也不是"保护型经纪"，他们身处国家与农民的两难境地，既要完成政府的任务，又要尽可能不影响与农民的关系。村干部"经纪人"的角色不易扮演，他们是村庄秩序的"守夜人"和村政中的"撞钟者"，既不敢怠慢"上级"的行政任务，又想为村民办点实事，但是困难重重。这种不是干部的"干部"使乡镇干部推行村级工作时，常常采用联络感情、凭借面子等非正式方式（吴毅，2001）。张静（2006：97～103）从村庄自治方面研究了"国家与农民"、"自治与官治（他治）"的关系，指出"官治"是由官方实施的治理，成员身份是官方委任的，而"自治"是社会单位的自我治理，社会组织对自我事务，特别是人事、财务、资源、行动计划具有控制权，成员身份不是官方委任的。然而村民眼中的自治是和官治相联系的,乡村自治不是针对国家权威,即县以上政府,而是乡镇基层权威。在乡村自治中,如果国家不管乡镇干部和村干部的行为,他们就会阻碍对农民有益的国家政策的实施,盗窃村集体公共资源或财产。贺雪峰(2012)从"国家与农民"角度分析了乡村治理"内卷化"的原因,指出基层治理的逻辑是"不出事"。陆学艺(2013:2~10)从国家和乡村社会发展的角度指出破解"三农"问题的关键是推动城乡一体化,并回溯了城乡二元结构的历史根源、本质特征,以及国家破解城乡二元结构的实践和有效策略。

  动态视角:策略行动分析。传统乡土社会与现代乡土社会的区别是,前者是自然成长的,后者是国家建构的,根据国家意志通过一系列的方针、政策将国家制度渗透到乡土社会,换句话说是"制度下乡"。国家根据乡土社会的风俗人情、历史文化等采取不同的策略行动,乡土社会也会按照自己的意志,通过有效的行为动员,改变国家行为,形成一个国家改造和乡村自我塑造的双向运动过程(徐勇,2009)。此外,胡荣(2009)、贺雪峰(2007,2013)、吴毅(2002)等从不同的角度分析了村民自治、基层政权建设、村委会与乡镇政府的关系、民族国家建构、乡村政治现代化及乡村发展政策对土地利用的影响等乡村经济社会发展中国家与社会的关系问题。

  其三,"社会互构论"的研究范式。乔尔·S. 米格代尔(2013)认为国家与社会完全"转化"或"脱离"是很少见的,它们二者之间更多是相互改变。在社会互构论者看来,现代社会与民族国家是两个具有自由意志的行动主体,在行动过程中通过共变、谐变的关系状态,"社会形塑国家,国家也形塑社会"。换句话说,是相互建构。这需要三个"情景条件":多元参与、主体资格认可、互构资源(郑杭生、杨敏,2010:537、538)。

  向德平、雷茜(2012)依据社会互构论探讨了惠州城乡统筹发展模式,主张"城乡整体互构共生"。首先,通过城市辐射带动农村发展,实现工农协作、城乡互补;其次,以乡村为中心建设小城镇,以乡村发展带动城市发展；最后，通过国家制定相关政策，打破城乡对立，寻找最佳的发展突破口。郑杭生、李棉管（2009）研究了中国扶贫的两种范式——个人主义范式和社会结构范式及其各自的特点，认为贫困理论的二元对立思维惯性，在中国扶贫历程中较明显，改革开放前以个人扶贫为主，如农村"五保户"养老制度、救灾救济制度、城市的"三无"人员救助；改革开放后主要通过社会结构调整，如扶贫移民、农村最低生活保障制度、预防性制度等。同时，提出社会互构的扶贫措施，即双重参与式开发，社会、政府、市场的多元互动，制度衔接等。

二 生态移民中的"国家与社会"

（一）生态移民搬迁动因，功能中的国家与社会

生态移民搬迁动因主要是生态保护、经济发展与反贫困。李培林等认为西部地区自然条件恶劣，资源分布不平衡，导致区域发展不平衡，宁夏尤为明显，其中南部地区水资源短缺，农业广种薄收，由于长期放牧、耕作，水土流失严重，致使生态环境日益恶化。20世纪80年代宁夏回族自治区政府开始实施的移民开发，使得迁出地区生态得以恢复，农民生产生活发生根本改变，收入明显提高，获得了更好的公共服务（李培林、王晓毅，2013：5~8）。色音等人（2009：63、293、365）从环境社会的视角，分析了甘肃、宁夏、内蒙古、江西等地区的生态移民状况，指出生态问题和贫困问题相互影响、相互制约，生态移民是国家消除区域性贫困和改善生态环境的战略行动。

生态移民的功能主要有，保护环境，改善贫困状况（施国庆，2007；桑敏兰，2004；皮海峰、吴正宇，2008；黄承伟，2004）；促进城镇化建设（包智明、任国英，2011；包智明、孟琳琳，2004；李媛媛，2013）；保障社会稳定，促进少数民族地区社会发展以及保护传统文化（乌力更，2006，2007；玉苏甫、艾买提，2006）。

（二）生态移民搬迁政策，模式中的国家与社会

黄承伟依据联合国开发计划署（UNDP）对国务院扶贫办综合扶贫研

究项目四个子课题之一"移民扶贫问题专项研究"的支持，以广西、新疆、宁夏、甘肃、内蒙古等地区为案例点，对这些地区自20世纪80年代至21世纪初的扶贫移民（生态移民）进行了研究总结，从自然、人口、经济、社会、环境等多角度分析了移民的搬迁过程、模式与政策、效果等方面。较为常见的搬迁模式有三种：自发搬迁模式、政府组织跨县搬迁模式、"政府＋企业"跨地区搬迁模式（黄承伟，2004：115）。包智明（2006）总结了生态移民的类型：（1）根据是否由政府主导，分为自发性、政府主导性；（2）根据移民是否对迁移有决定权，分为自愿、非自愿；（3）根据迁移社区的整体性，分为整体迁移、部分迁移；（4）根据迁移后的产业结构，分为牧转农业型、舍饲养畜型、非农牧业型、产业无变化型。

有学者指出生态移民过程中，国家政策落实不到位，移民规划和实施方案不够科学，细节工作没有受到重视，法律介入不足、科技扶持不够、市场机制不成熟、政府引入的企业与移民之间关系僵硬，政府应该采取多种手段促进生态移民社区整合（刘学敏，2002；葛根高娃，2006）。

闫秋源博士通过对内蒙古生态移民社区的研究指出，一方面要改善政策机制。目前国家在生态移民的政策设置中，常常缺失移民群众参与规划和实施的机制。同时，包智明教授（2006）也认为生态移民中政府不能包办一切，政府在制定政策和规划时要让移民参与进来，毕竟移民是搬迁的主体，未来的主导发展方向应该让移民自己选择。应该建立代表参与机制，让移民群众变"客位"为"主位"，发挥移民群众的主体地位，以免国家政策的制定脱离移民群众的实际需求。另一方面要提升政策理念。国家政策设计不仅仅是宏观规划，而且是微观运行，因为关系生态保护和政策建设的生态移民是有别于其他人口迁移的，生态环境是一种自然资源，而不是"自然生态"。生态移民中"民"是主体，"移"是手段，"生态"是动机和目的（闫秋源，2010：97、98）。

谢元媛博士用人类学的视角研究了内蒙古敖鲁古雅鄂温克生态移民的

状况，指出在生态移民中国家的"规划现代化"是依据总体性的历史观，可能忽视被改造对象的"主体性"。

（三）生态移民实施效应，影响中的国家与社会

对于生态移民工程实施以后的效应和影响，学者们有两种截然不同的观点。一种是正面的，认为生态移民工程改变了迁出地的生态环境，同时移民群众的生活条件也得到了极大的改善。另一种是负面的，认为生态移民由于不适应迁入地的环境，出现了贫困。

周建等人（2009）在对新疆塔里木河流域生态移民的研究中指出：从经济效果看，有利于城乡经济一体化，实现劳动力资源的合理配置；从生态效果看，塔里木河流域生态得以恢复，植被状况得以改善，野生动物增多，气候得到改善；从社会效果看，由传统的封闭经济社会系统向开放的社会系统的转变，改变了人们的思想行为、观念认识，新的生产技术和生活理念引起了社会变革。包智明、任国英（2011：375）通过研究生态移民的意愿性，移民过程中政府、市场和移民三个行动者的关系，移民区的社区建设，移民的经济社会生活变迁及其社会关系网，指出国家抽象理性制度安排下的生态移民的生存伦理和实践理性导致的行动策略，影响着政策目标的实现，无论是恢复生态还是改善贫困状况以及城镇化建设，都不是一个简单的人口迁移就可以解决的，国家的政策设计不能忽视公众的看法和参与。有学者从民族关系和宗教文化方面分析了宁夏吊庄移民的社区建设，并指出经济发展和文化发展是移民社会效益的最终体现，故而要通过经济和文化发展实现民族平等、团结与繁荣（周传斌，2001）。

荀丽丽博士通过对内蒙古草原社区建设中生态、道德与权力结构关系的研究指出，牧民定居后实施的奶牛养殖产业链条面对市场冲击相继失败，项目既没有改善牧民的生活，也没有获得草原的"善治"，反而造成新的草原生态危机和社会冲突，政府通过后续项目弥补前一项目的过错，暂时缓和危机，生态脆弱地区的可持续发展要尊重"地方性知识"（荀丽丽，2012）。

刘学武博士（2011）以宁夏红寺堡生态移民为例，分析了在生态移民搬迁过程中政府权威的表现形式以及与民间社会运作体系的建构过程，最后从政策层面提出生态移民中出现的问题，包括农田水利工程和基础设施建设的问题、移民安置中出现的问题、经济建设中出现的问题，指出当地政府应该在生态移民中积极培育民间组织，加强民间社会运作体系的建设。

有学者认为生态移民在取得正效能的同时，还给社会和个人带来负效应：一是生态移民政策设计违背生态系统规律，在恢复生态的过程中造成新的环境退化；二是移民项目设计的缺陷造成社会文明危机，比如禁牧导致游牧民族传统文化的丢失、心理情感的伤害、生活习惯的割裂等；三是移民规划投入缺乏有效科学论证，使移民区呈现虚假的繁荣。再者，这一复杂的系统工程，若任何一环节政府施政不力，都可能会产生权力寻租等腐败现象（焦克源、王瑞娟，2008）。

（四）生态移民适应性，融入中的国家与社会

关于生态移民对迁入地适应性、融入问题的研究很多，但基本大同小异，主要是借鉴对工程移民的研究，具体说是对三峡移民的研究。可归纳为两种：一是总体性视角，指分别对生产适应性、生活适应性、文化适应性、社会关系适应性等方面进行研究，然后或做定量分析或做定性分析（风笑天，2004；皮海峰、吴正宇，2008）；二是具体性视角，指移民某方面的适应性或某个少数民族生态移民的适应性，其中从人类学或民族学角度研究文化适应性的较多。马伟华（2011）从人类学的视角分析了宁夏回族吊庄移民，包括生产生活适应、观念调适、宗教文化调适以及在社会文化适应中存在的问题。还有学者指出由生态移民搬迁导致的少数民族移民的心理问题，不仅影响移民自身的生存发展，还关系政府移民政策的成败，为此既要注重提高移民适应变迁的能力，也要加大政府政策的支持力度，特别是做好少数民族的宗教工作（闫丽娟、张俊明，2013）。此外，陶格斯（2007）对蒙古族生态移民适应性问题进行了研究，杨小柳、田洁（2011）对瑶族生态

移民适应性问题进行了研究，李军（2013）对东乡族生态移民适应性问题进行了研究。

三　简要评议

在中国，关于国家与社会关系的研究有三种主要观点：社会中心论、国家中心论和国家—社会互构论。第一，持"社会中心论"的学者将西方话语体系中的"公民社会"理论纳入中国乡村问题研究，试图在传统的中国乡土社会中找出符合西方语境的"公共空间"。虽然传统乡村社会中国家与社会是一体的，很难看到二者之中独立的元素，但即使是中国乡村中扮演"中间角色"的知识分子，其作用也是非常有限的。随着经济社会的发展，在现代乡村社会中出现了农民互助协会、经济合作组织等团体，调节政府与农民的直接互动。第二，与"社会中心论"相对应的"国家中心论"研究的是"国家政权建设"，看到了中国近代以来，国家权力不断向乡村渗透，特别是新中国成立后，执政党将组织机构建设到了乡村。学者们从"宏观把握"，从"微观着手"，分析不同个案，指出国家政权"嵌入"社会的模式。在乡村，人们属于公社内的一分子；在城市，人们归属于各类工厂、工作部门。第三，中国的改革开放是从农村开始的，随着这一政策的不断深入，国家与社会混为一体的结构逐渐被打破，国家与社会之间相互影响，郑杭生教授和杨敏教授提出了"社会互构论"，从宏观层面解释了国家与社会互构的法理机制和解释机制，力图使"权"归于国家，"利"归于社会。事实上，"社会互构论"还只是一个理念的状态，现实中表现并不显著。其实，无论如何，它打破了国家与社会的"二元"对立，也不同于安东尼·吉登斯等学者提出的"二元"性，而是一种探索中国问题的新理论模型，需要研究者不断地完善。

"国家与社会"理论范式是一种更具空间式的、力量对比的、横向结构的分析框架，改变了探索秩序的常用逻辑和提问方式。但是，从研究文献看，关于国家与社会关系的解释框架在某种程度上形成了思维定式，开创性的破解思路较为鲜见。从理论层面看，乔尔·S. 米格代尔在《社会中的国家》一书中分析了"国家与社会如何相互改变与相互构成",他指出在国家和社会力量的各种交锋场(meeting grounds)形成了三种理想化类型:"完全转型"、"国家对现存社会力量的吸纳"、"现存社会力量对国家的吸纳"(米格代尔,2013:130~131)。米格代尔的论述是对传统意义上学术界关于"国家与社会"二元对立理论的创造性开拓。从实践层面看,米格代尔的论述在某种程度上契合传统治理体制下的中国社会,黄宗智基于哈贝马斯的"公共领域"概念,提出的"第三空间"概念尤为深入,哈贝马斯在《公共领域的结构性转型》中认为公共领域是介于私人领域和公共权威之间的一个领域,是一个非官方的领域,即"国家—公共领域—社会"。黄宗智(2014)研究发现,传统中国治理体制中国家与社会的边界是模糊的,鲜见"公共领域",但是国家与社会之间有一个交叉地带,形成"国家—第三领域—社会"的分布格局,且这一"领域"随着时间的变化具有不同的特征和制度形式,国家与社会都参与其中。

有学者指出"国家与社会"的理论范式过于宏观,难以表现中国社会的复杂机制,于是提出了"制度与生活"的微观解释框架,研究中国社会变迁问题是一种新的拓展。李友梅等学者(2011:36)据此视角分析了中国社会1921年以来的变迁历程,指出中国共产党和中国社会自始至终存在相互影响、认同及建构的过程,这种相互依赖的关系难以用二元对立的结构解释。肖瑛(2014)从理论层面进一步破解了"制度与生活"是从"国家与社会"的视角转换而来的,"制度"指以国家名义制定的正式制度,由国家的各层级和部门代理人行使职能,"生活"是社会人的日常生活,应用这一视角分析正式制度变迁的逻辑和民情变动的机制,以期把握国家建设的总体性脉络。"制度与生活"理论,基于吉登斯的结构化理论,把系统论还原为实践的主旨,分析了"结构"与"能动"的关系,超越了"国家与社会"的二元对立。

抽象的理论必须建构在具体的"社会事实"上,方见其清晰的脉络。在中国现代化建设时期,国家始终是经济社会发展的主导力量。在理论上,国家包括中央政府和地方政府及各类公共机构,中央政府将各类现代化建设项目投入乡村社会,并通过地方政府执行。社会是与国家权力体系相对应的民众及民间精英群体,它与国家政权体系遵守的价值体系不完全相同,其利益诉求的内容与国家的也并不完全相同。在生态移民中国家与社会不是二元对立的,它们之间是一种复杂的互动关系。国家是指政府,包括中央政府和地方政府(含基层政府),并且中央政府对生态移民的政策是通过地方政府实践的;社会是指乡村社会,它是由农民(移民)及其自治组织(村委会)所组成的共同体。在生态移民搬迁项目中,中央政府通过资金扶持和项目设置积极投入生态移民工程,并间接作用于生态移民搬迁,地方政府是生态移民的执行机构,地方政府特别是基层政府与民众之间具有直接的互动关系。

从生态移民搬迁过程看,国家与乡村社会的互动关系是一种动态与静态结合的分析策略,安东尼·吉登斯的表述是"策略行动分析"和"制度分析"相结合。学者们对生态移民的研究主要集中在三个方面:其一,从国家入手,指出生态移民搬迁的目的与意义、政策制定过程、搬迁后的实践效果等经验表述;其二,从乡村社会入手,指出搬迁对象分为不同的类型,政府为其制定了不同的搬迁模式;其三,从市场入手,在迁入地面对新的生活环境,移民适应或融入当地的过程,一般来说移民都是从落后偏远地区搬迁到现代化程度较高地区,市场经济给移民带来生产生活的各种风险。这些都是在政策层面,企图探索较好的对策建议,以往的研究一般都是对生态移民中普遍存在的问题的表述,指出生态移民动因主要是扶贫开发、生态保护。学者们对生态移民的研究涉猎的范围相当广泛,几乎涵盖自然科学和人文社会科学中与之相关的各领域,生态移民带有政策性,故而学者们的应用性研究较多,通过生态移民搬迁探索理论性问题的文章较少。本研究在借鉴学者们生态移民研究成果的基础上,基于生态移民搬迁前、中、后国家与乡村社会互动中的权力不对称问题,提出构建国家与乡村社会权力结构平衡关系,旨在在政府主导的改变人类生存问题的大型工程建设中,增加弱势群体的话语权,从而构建更加完善的民生项目。

第三节 研究设计

一 基本概念

（一）生态移民

考尔斯指出，"生态移民"[①] 是为保护生态环境实施的。这一概念提出后，许多学者从不同的学科视角加以界定，一般认为生态移民是恢复生态、保护环境、发展经济"三位一体"，将分散居住的人口迁移到自然条件和社会环境较好的地区，形成新的村镇，旨在使生态环境脆弱地区的人口、环境、资源和经济社会协调发展。其目的具体来说，一是扶贫搬迁，二是保护环境，三是实现现代化。国家通过对地方社会的干预，调整区域性的"生态—社会"关系，生态移民成为生态空间生产的政策工具。

（二）社会行动

马克斯·韦伯（2010a）认为社会行动是社会学的研究对象，"解释社会学"观点指出，分析社会行动的原则是解释性理解和因果性说明，社会行动有四种类型：目的合理性行动、价值合理性行动、情感行动和传统行动。他将社会行动与社会秩序结合起来，探索内在的逻辑。帕森斯总结了韦伯、涂尔干和帕累托等人的观点，提出唯意志论的社会行动理论，即单元行动，每个单元社会行动包括有机系统、人格系统、社会系统及文化系统，并且有目的、手段、条件和规范等构成要素。吉登斯在分析了韦伯和帕森斯理论之后提出结构化理论，认为结构是行动的约束也是行动的媒介，即"结构的二重性"（特纳，2006），社会行为是持续不断的过程，是行动流。生态移民搬迁包括两个行动者——政府与移

[①] 在国外，1900 年美国科学家考尔斯第一次提出"生态移民"概念，将群落迁移导入了生态学，在国内任耀武等学者在 1993 年撰写的《试论三峡库区生态移民》一文中最早使用了"生态移民"这个词语。

民，在正式社会结构（制度框架）中，政府和移民群体有各自不同的行动逻辑，其行动目标、手段既有一致性也有冲突性，从而导致移民搬迁中的各类社会问题。

（三）国家动员

《牛津高阶英汉双解词典》对"动员"（mobilize）的解释有三层含义：为达成特定目的而一起工作或组织一群人去做某事，寻找和开始使用用于特定目的的某物，为战争做好准备。换句话说，"动员"就是组织"人"和"物"实现某种特定目标。从"国家与社会"二分法的视角看，以"动员"为词根，主要衍生出两方面：国家动员和社会动员。

卡尔·多伊奇在《社会动员与政治发展》中指出："社会动员是旧的社会、经济和心理信条受到侵蚀或破坏，人们经历新的社会化过程，产生新的行为模式的过程。"社会动员是与现代化相伴而生的，目的在于破除动员对象旧的环境、心理信条和习惯，使其加入新的组织体系（Deutsch，1961）。此后，亨廷顿从现代化与政治秩序的关系，阿尔蒙德和鲍威尔从政治体系的运作过程，艾森斯塔德从现代化的特征等方面继承和发展了多伊奇的观点。国家动员是为实现国家根本目标而征集和调动各类资源的行为总和。一方面，根据现代化的表征分析动员与政治稳定的关系，侧重社会动员；另一方面，根据政府的治理方式研究动员体系，以政府治理的视角论述，动员者认为，政党、政府等政治团体为实现特定目标，调动一切资源，采用各种手段，使动员客体接受其意志。

有学者指出改革开放以前中国是"总体性社会"，国家对稀缺资源的配置和社会活动空间进行控制，社会成员的发展完全依附国家，国家动员主要是"组织化动员"；在改革开放后，社会结构的张力扩大，"经济理性人"的市场化和社会分工的细化促使社会进一步分化，解构了原有的资源配置方式，形成"后总体性社会"环境，国家的组织化动员在某种程度上失灵，"准组织化动员"逐渐成为国家动员的主要方式（孙立平等，1994；孙立平，1997，2009）。马明杰（2000）在乡镇政府"逼民致富"的案例中提出了"经营式动员",它既是组织化动员的特征,也是动员能力的再生产。20世纪90年代以后,全国经济发展加速,地方政府的危机意识增强,上级政府为完成预定的经济社会发展目标不断给下级政府加压,荣敬本等(1998)、杨冬雪(2012)在分析地方政府的运作逻辑时提出"压力型体制"。地方政府的运行逻辑是将上级政府的任务层层分解,通过"目标责任制"逐级落实税费改革后,国家通过"项目制"调动地方政府的积极性,在实现财政转移支付的同时对地方政府进行控制(折晓叶、陈婴婴,2011;渠敬东,2012)。此时的国家动员使行动主体的独立利益获得了制度化认可,行为带有强烈的主动性,特别是下级行动主体可以通过与上级行动主体的"讨价还价"实现自身利益最大化,并且可以理性处理自身与社会以及市场的关系。从空间上看,压力型体制在经济发达和落后地区都存在迹象。

二 研究方法

(一)研究方法论

1. 现代化理论

"现代化"这一概念是20世纪三四十年代提出的,它既是一种时间尺度,也是一种价值尺度,主要解决物质层面的问题,涉及经济发展、工业化和城市化等方面。所谓"现代化理论"是对不同学派关于"现代化"特点和规律的研究成果的总称,包括经济学中以经济增长理论为核心的发展经济学;社会学中以社会结构为视角的社会变迁理论;政治学中以政治发展和比较政治为研究角度的政治现代化过程;激进发展主义提出的各种依附理论(dependency theory)(罗荣渠,2009:43~46)。

从总体理论结构看,现代化理论是建立在传统与现代性二元对立结构上的,乐观派依据自由主义和结构功能主义理论认为现代化是科学、民主、理性主义的胜利;悲观派指出现代化将人类社会分成了"文明"与"野蛮"两阶段,最终会崩溃。从历史发展看,现代化理论进行了内部的批评和修正,班努里(2001)称其为一种"维护范式"(paradigm maintenance），即将现代化发展中的问题，如政治、经济、环境问题，简化为物质利益的分配问题，它们是阶段性的，能自我修复（转引自谢元媛，2010：21）。

"现代性"是对现代化发展状态及其后果的一种理论表达。自现代化提出以来对它的反思和批判从未停止过。美国社会学家艾历克斯·英格尔斯在《国民性：心理—社会的视角》中提出"人的现代化"问题，这是对现代化在带来物质满足的同时破坏了传统精神追求和信仰价值的反思。20世纪六七十年代拉美发展中国家的新左派学者卡多索、萨米尔·阿明和保罗·阿兰的"依附理论"认为，欠发达国家在发达国家主导的世界经济体系中处于依附地位，这种"中心—边陲"体系导致了剥削与被剥削（Peter，1979）。20世纪八九十年代人文主义理论流派，如法兰克福学派和后现代主义以及批判社会学理论，认为传统代表人性，现代化代表非人性，现代化和反现代化冲突的根源是人性与非人性的冲突（李宗克，2003）。

生态移民搬迁也是政府主导的现代化的过程，政府期望通过"移出"解决生态环境问题，通过"移入"解决群众的发展问题，原则上移民被安置在县城、中心城市、工业园区、产业基地。但是，现代化首先是"人的现代化"，这是一项复杂的工程，政府规划性现代化因外力的介入必然导致落后乡村对政府的依赖性增强，政府如何促进乡村主体移民群众的发展，使其摆脱规划性现代化的困境，对于民族贫困地区是一件有意义的事情。

2. 社会冲突理论

社会冲突理论是在对结构功能主义中社会均衡模式的批评的基础上提出来的，试图建构一种解释现实社会生活中各种矛盾与斗争的社会冲突模式。

首先，社会冲突理论早期思想。卡尔·马克思的阶级冲突论，以及席美尔在《冲突论》中主张的"形式社会学"，将社会冲突看作主要的"社会过程形式"。马克斯·韦伯（2010a）通过权力、财富和声望的高度相关性，分析了阶级、冲突和社会变迁，从多维度说明如果社会等级间资源的分配不平等程度高、社会流动率低，社会冲突产生的可能性就大。

其次，社会冲突理论发展时期思想。C. W. 米尔斯的"社会学的想象力"（sociological imagination）借用了韦伯的权力、财富和声望"三位一体"的模式，但不同于韦伯注重财富与声望，他重视权力结构，通过特定阶层透视社会平衡和稳定的表象，洞察社会变迁与冲突的本质，提出"权力精英"（power elite）理论。R. 达伦多夫的辩证冲突论继承了卡尔·马克思的社会冲突思想，通过社会组织揭示社会冲突的机制，解释了辩证的社会观，即社会处于变迁之中又存在对立与冲突，冲突是社会变迁的动力，现代社会结构围绕"权力和权威"等争夺稀缺资源，形成统治者与被统治者，提出"冲突的制度化调节"（特纳，2006：131~140）。L. A. 科塞（1989：2）的功能冲突论是对席美尔微观社会冲突的宏观扩展，认为社会冲突是"有关价值、对稀缺地位的要求、权利和资源的斗争，其目的是破坏以至伤害对方"。社会冲突有两种：一是在现实权力结构中，为实现目标结果产生的冲突；二是遭受挫折时为释放紧张状态产生的冲突。社会冲突有正功能也有负功能，"社会安全阀"机制有助于维护社会整合，也是敌对双方释放紧张情绪的有效途径。

最后，社会冲突理论扩展时期思想。兰德尔·柯林斯（2009：31）用"互动仪式链"理论，试图将微观与宏观社会冲突进行综合，认为冲突理论既解释冲突现象，也解释社会结构与变迁、个体与群体的行为组织。他指出社会冲突的根源有三种：一是人们总是努力控制他人，使自己在互动中占据优势；二是资源的不平等占有；三是强制力量的威胁。此外，还有蒂利的资源动员理论、佩奇的农业革命研究、摩尔的独裁与民主研究等。

科塞认为社会冲突有正功能和负功能，社会冲突理论对在生态移民搬迁中，调解移民群众和政府之间的关系有很大的借鉴价值。政府引导移民群众"释放"不满意情绪,有助于增强移民群众对政府主导的生态移民搬迁政治合法性的认可,从而促进乡村社会和谐稳定发展。

(二)具体研究方法

1. 质性研究与"文化主位"方法

质性研究与"文化主位"方法相结合是本书尝试采用的研究策略。质性研究是理解社会学和批判社会学采用的一种主要研究方法,与"定性研究"[①]有一定区别。质性研究是研究者深入研究地点调查收集经验资料,然后对资料进行分析、整理、归纳,建构理论。在具体研究中"研究者本人作为一种研究工具,在自然情景化的生活场域中采用多种资料收集方法,对研究的对象进行整体性考察,归纳分析资料,形成理论,通过与研究对象互动,对其行为及意义建构作解释性理解"。质性研究认为"研究是一个对多重现实(或同一现实的不同呈现)的探究和建构过程","是一个不断演化的过程",研究者采取的是"即时性策略",而不是按照一个事先设计好的、固定的方案行事(陈向明,2000:8)。在质性研究中对研究对象采用"文化主位"法,旨在发现形成理论,而非"文化客位"的验证理论。这种研究属于"扎根理论"(grounded theory),即从研究者自己收集的第一手资料中建构理论。

笔者在生态移民案例点的田野调查,尽量避免主观判断,而是将从被研究对象那里获取的材料进行对比分析。无论是发现的生态移民中存在的问题,还是建构的理论,都是从所搜集的材料中归纳得出的,即通过"文化主位"方法提出的国家与乡村社会权力结构平衡关系再生产,是在总结政府与移民群体互动关系的基础上形成的。

---

① 陈向明(2000:22、23)教授语境中"定性研究"与"质性研究"的区别在于:前者基于哲学思辨、个人见解和逻辑推理,不一定要有经验资料做基础,偏向结论性、抽象性和概括性;后者强调在原始资料基础上建构理论,注重研究过程性、情境性和具体性,遵循现象学、阐释学的传统,坚守实证主义立场。

2. "过程—事件"分析方法

根据政府和移民群体围绕生态、移民过程中存在的问题互动的过程，探索国家与乡村社会的关系。孙立平教授等提出的"过程—事件"分析方法主张对所研究的"社会事实"由"结构—制度"分析的静态策略转向由若干事件构成的动态过程，并且将过程看作一种独立的解释变项。若从结构到绩效结果是一种简单的因果关系，那么过程的加入，则导致一种更为复杂的因果关系（孙立平，2000）。

我们从比较中解读"过程—事件"分析方法的特点。其一，"结构—制度"分析方法与"过程—事件"分析方法的比较。前者是一种静态策略，强调行为社会规则，"事件"是社会制度和社会结构聚合作用的产物（谢立中，2007）。与此相反，后者认为事物本身的特征、事物内部结构的关系、同一事物在不同情景中的遭遇导致的变化，在静态结构中是不显现的或"隐秘"的，而在动态的过程中就会逐步显现。其二，传统视野中的"社会事实"与"过程—事件"分析中的"社会事实"的比较。前者由于受涂尔干的影响，被看作一种固态的、静止的、结构性的表象，而后者被看作动态的、流动的东西。其三，社会互动论关注的动态因素与"过程—事件"分析中的动态因素的区别。社会互动论说的"情境"或"场景"，是共识性的，缺少时间和历史维度，在"过程—事件"分析中相连的事件中的情境是动态的、历史性的（孙立平，2000）。

通过政府与乡村社会主体移民之间的互动，揭示社会转型加速期国家与社会的关系本身就是一个复杂的过程，而政府主导的移民搬迁实现现代化的方式，使问题变得更加复杂。生态移民搬迁前、中、后三个阶段中，每个阶段内部都由一系列事件组成，并且三个阶段也是一个相互联系的"事件流"，是一个动态的相互关联的过程，因此，就研究方法而言，"过程—事件"分析方法是相对理想的选择。

（三）研究资料

1. 调查研究进入

笔者曾四次深入研究地点进行调查。

第一次，前往生态移民迁入地 M 镇[①]，调研 M 镇概况、移民安置点建设情况、最大的移民安置点原隆村情况，包括搬迁人数、移民来源、村委会构成、宗教信仰、生产生活、周边企业状况。

第二次，首先，在宁夏扶贫办（移民局）了解移民搬迁规划政策、采取的搬迁措施等；其次，向 M 镇所属的永宁县发改局、移民办、扶贫办等了解迁入地采取的具体安置措施，M 镇的后续发展规划情况，以及 M 镇周围几家企业的用工情况等；最后，再次深入原隆村了解移民搬迁两年多来存在的问题、发生的故事，又调查了 M 镇的另外两个移民安置点——武河村和康福移民小区的情况。

第三次，赴移民迁出地固原市原州区、隆德县调研。首先在固原市扶贫办、移民办调查了移民搬迁总体情况，以及存在的突出问题；接着去了原州区移民办及开城镇了解移民搬迁采取的动员策略、待迁移民问题，还考察了地震断裂带、滑坡区中河乡的硝口不愿搬迁移民的情况；最后赴隆德县移民办以及山河乡和沙塘镇两个移民迁出地的情况，特别是六盘山区水源涵养地的移民搬迁状况，考察了宁夏中南部地区最大的单户移民集中安置点——沙塘镇单户移民集中安置情况。

第四次，新时代国家提出乡村振兴战略，笔者调查了 M 镇乡村振兴建设、乡村社会治理、迁出地生态恢复状况、后续的生态治理措施等。

2. 经验材料的获取

其一，访谈法。访谈对象包括：政府官员 24 人，涉及三个层次，其中宁夏回族自治区移民局领导 3 人，市、县（区）主管移民的领导干部 12 人，乡（镇）领导 9 人；村干部 10 人，包括移民迁出地村干部 3 人，移民迁入地村干部 7 人（其中 4 人曾在迁出地任村书记或村主任，1 人为大学生村官）；移民、待迁移民 59 人，其中男性 51 人，女性 8 人；其他人员 9 人。

[①] 本书中调查、访谈涉及的人名、地名均为化名。

在关于生态移民的调查中，笔者主要采用"无结构式访谈"方法，围绕"生态移民"这一主题对上述访谈对象进行访谈，获取第一手经验材料。在具体操作中对村干部、移民采用"非正式方式"进行，常常对一位移民进行多次访谈，了解移民搬迁前后发生的故事、个人生活史以及移民对政府政策的看法等。对政府官员则采用"正式方式"进行，一般提前预约时间和地点进行访谈，确定"生态移民"的话题，多数情况下没有具体的主题，从对政府官员的访谈中了解政府的移民政策、具体执行的方式以及在移民搬迁中遇到的问题等。访谈中涉及的其他人员包括移民迁入地周围企业的管理人员，通过他们了解企业发展状况、企业用工情况，以及他们作为"局外人"对移民各方面情况的看法。

其二，参与观察法。笔者利用在移民安置点调查的机会，从村干部处获知 2014 年 5 月 30 日有一批移民从原州区搬迁，笔者参与了这次"生态移民"搬迁的"盛况"，并真实记录了发生的重要事件。同时，由于搬迁人数很多，彼此互不相识，笔者扮成"移民"身份参与，政府官员、村干部、移民在讨论"生态移民"的一些相关事宜时，对笔者视若无睹，致使笔者能够详细记录相关"行动者"的互动"情景"。笔者参与观察了 M 镇政府为解决移民就业，引进的当地最大劳动密集型企业中银绒业针织厂的工作"场景"。此外，笔者还到一家酿酒用葡萄种植基地——福润园酒庄，现场观察了在管理人员的指导下移民群众除草、修剪苗木的"境况"，并记录了他们劳动间隙的"话语"。

其三，文献档案。笔者收集了关于"生态移民"的政府文件、政策法规、领导的讲话稿和批示，查阅了统计年鉴、方志，浏览了网站、报纸报道，收集了 M 镇简史，以及经济、社会、文化方面的档案资料、内部出版宣传材料、历年工作总结等。同时，对研究"生态移民"方面的理论文献进行了收集和阅读。

三 分析框架

本书分析框架如图 1-1 所示。

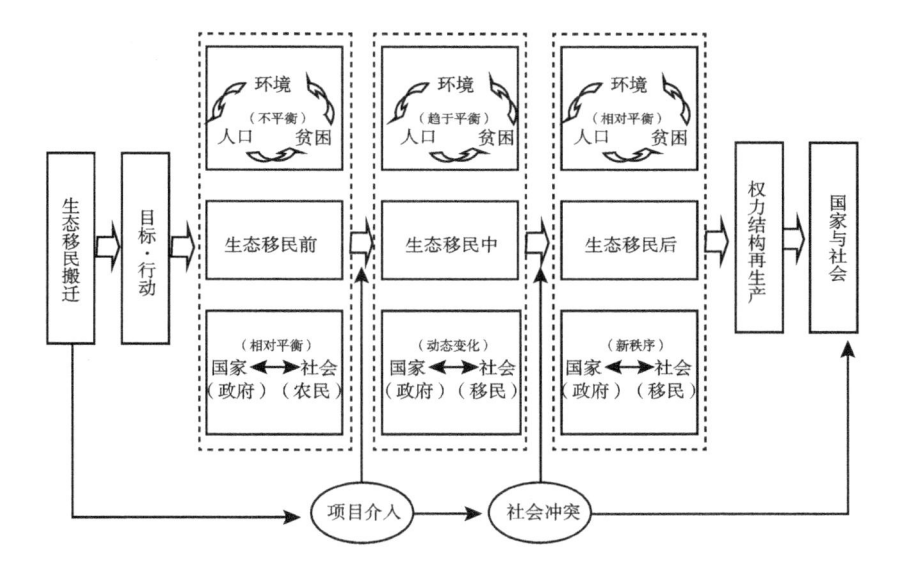

图 1-1 本书分析框架

第二章 生态移民概述

第一节 生态移民路径

20世纪80年代以来,宁夏实施的移民搬迁工程从单纯的扶贫开发向扶贫与生态修复并重转变,从小规模插花搬迁向大规模整村推进转变,从解决温饱向实现现代化转变。从移民搬迁的模式和类型看,实现了从"吊庄移民"① 阶段到生态移民阶段的转变。

一 单一目标移民

第一阶段吊庄移民(1983~1994)。1982年国家决定对甘肃河西地区、定西地区和宁夏西海固地区(包括西吉县、海原县、固原县、泾源县、彭阳县、隆德县、盐池县、同心县,又称"宁南山区")开展"三西"农业建设项目②,开了我国有计划、有组织、大规模的开发式扶贫之先河,力图从根本上解决两省区集中连片特困地区群众的温饱问题。1983年9月"三西"建设领导小组提出"有水路走水路,水路不通走旱路,水旱不通另找出路"的扶贫方针(以下简称"'三路'方针")。宁夏回

---

① "吊庄移民"是宁夏回族自治区政府从20世纪80年代开始,为解决南部山区贫困问题采取的搬迁措施,移民群众在迁出地和迁入地都有家,可在两地自由生活,等到经济发展较好以后,移民群众可以将迁出地的户籍注销,直接落户迁入地。
② "三西"建设是国家贫困开发建设项目,吊庄移民是宁夏回族自治区政府结合国家扶贫开发项目制定的具体扶贫开发措施,两者在时间上有重叠,但是没有严格的时间先后逻辑关系。

族自治区政府根据"三西"建设中的"三路"方针和"兴河套之利,济西海固之贫"的战略构想,动员南部山区自然资源差、经济社会发展落后、生存空间狭小的山区群众,搬迁到各种资源较好、可以进行灌溉的平坦荒地上居住,开展新的生产生活。自此,宁夏的扶贫方式从"救助式"向"开发式"转变,从"输血式"向"造血式"转变。

1983年5月,宁夏回族自治区政府以固海扬水工程、盐环定扬水工程等为依托,决定实施"以川济山,山川共济"的吊庄移民政策,拉开了移民开发的序幕。到2000年9月,所有吊庄移民基本实现了属地管理,从管理形式上完成了从山到川的历史性跨越,吊庄移民阶段宣告结束。宁夏吊庄移民情况如表2-1所示。

表2-1 宁夏吊庄移民情况

项目 类型	搬迁时间	移民基地数 (处)	搬迁人口 (人)	开发土地 (万亩)	备注
县外集中吊庄	1983	12	136023	25.9	
县外插花吊庄	1985	5	13416		
县内移民吊庄	1980	6	154102		含旱改水人口83874人
合计		23	303541	68	

资料来源:李宁(2003:204~206)。

第二阶段扬黄灌溉工程移民(1995~2000)。为了进一步解决贫困问题,缩小东西部地区发展差距,1994年国务院制定了《国家"八七"扶贫攻坚计划》,决定至2000年解决农村800万人口的温饱问题。根据国家这一计划和"三西"建设后十年规划,宁夏回族自治区政府制定了《宁夏"双百"扶贫攻坚计划》,即用7年时间解决100个乡镇、100多万贫困人口的温饱问题。同时,提出宁夏扶贫扬黄灌溉工程建设项目,分为红寺堡灌区、马场滩灌区、红临灌区和固海扬水工程扩灌区四片,1995年该工程获国务院批准被列入国家"九五"计划。

宁夏扶贫扬黄灌溉工程规划两期,事实上仅完成了一期建设,与规划的开发200万亩土地、搬迁100万人口的目标相去甚远。截至2000年底，共投入资金36.6亿元，开发土地80万亩，搬迁安置移民39.45万人，其中含就地旱改水原住户9.35万人（董玲，2012：69）。

二 复合目标移民

2001年国家发展计划委员会决定，基于易地扶贫搬迁与生态环境建设有机结合的原则，对西部地区生活在自然保护区和水源涵养林区等的贫困群众实施易地搬迁的扶贫工程，同时恢复迁出地的生态环境（国家发展计划委员会，2001）。宁夏被确定为国家易地扶贫搬迁试点工程的四个省区之一，宁夏回族自治区政府颁布了《关于实施国家易地扶贫移民开发试点项目的意见》，将易地扶贫移民与生态重建合二为一，称作"生态移民工程"。生态移民分为三个阶段，跨越"十五"计划到"十二五"规划的十五年时间。移民搬迁模式经历了从小规模搬迁到大范围搬迁、从分散搬迁到整村推进、从属地管理到迁入地管理的演变。

第一阶段，易地扶贫移民（2001～2006）。

2001年国家发展计划委员会利用国债资金，决定在西部地区的宁夏、内蒙古、云南和贵州四省区实施易地扶贫移民搬迁试点工程，旨在进行扶贫开发、退耕还林还草、生态环境建设，以此应对气候变化，保护生态脆弱地区的环境。该阶段的移民工程将六盘山水源涵养林区、中部干旱风沙治理区的贫困群众，集中安置在引、扬黄灌区和国营农场。在借鉴吊庄移民经验的基础上，开始根据部分移民群众自愿原则，整村推进，由迁入地属地管理，原有土地由迁出地政府统一管护，种草种树，国家按照人均5000元的标准补偿。截至2007年底，依托大中型水利工程建设移民基地8处，依托已有灌溉水源建设移民基地15处，建设移民基地数共计23处，搬迁移民12.6万人，开发土地10.76万亩，投入资金6.64亿元（董玲，2012：74）。

第二阶段，中部干旱带县内移民（2007～2010）。

在深化推进移民工程建设进程中，为了分类指导、有序推进，基于宁夏的地质、地貌和自然环境等特征，把全区划分为三个区域：南部土石山区、中部干旱带和北部引黄灌区。2007年11月宁夏回族自治区政府召开会议,决定在中部干旱带实施县内移民,包括海原县、同心县、盐池县、原州区东部、西吉县西部、中卫市城区山区等贫困地区。项目区按照灌排模式大体可分为三种类型:北部引黄灌区、扬黄节水灌区和节水补灌区。该阶段移民是县内农业移民,属于有"土"安置,从民生、农业和生态方面确定目标和任务,围绕"水源、特色、转移、变绿"建立长效机制,采取高效节水灌溉并发展特色农业,提出把移民新村建设和社会主义新农村建设相结合。移民工程于2008年3月开工兴建,到2010年底开发土地27.7万亩,搬迁移民12.2万人,建设移民房190万平方米,投资26亿元(宁夏环境科学学会,2012:66)。

第三阶段,中南部地区生态移民(2011~2015)。

2011年11月,中央召开扶贫工作会议,确定了14个集中连片特困地区。其中,宁夏的同心县,原州区,西吉县,隆德县,泾源县,彭阳县,海原县,红寺堡区,中宁县的喊叫水乡、徐套乡和中卫市沙坡头区的兴仁镇、蒿川乡属于六盘山集中连片特困地区。从20世纪80年代至今,宁夏贫困面貌获得极大改善,扶贫开发工作取得了举世瞩目的成就。根据国家新的贫困线标准,截至2011年,宁夏中南部地区约有100万贫困人口,占全区人口的1/6,其中有30多万人口生活在条件极差的深度贫困地区。宁夏回族自治区政府决定在"十二五"期间,投资105.8亿元,安排耕地面积58.06万亩,生态移民约7.88万户34.6万人。宁夏中南部地区生态移民迁出县(区)情况如表2-2所示。

表2-2 宁夏中南部地区生态移民迁出县(区)规划情况

		合计	中部干旱带	南部土石山区
移民迁出地		7县2区	盐池县、沙坡头区	同心县、原州区、西吉县、隆德县、泾源县、彭阳县、海原县
移民规模	户数(户)	78815	3707	75108
	人数(人)	346000	13271	21329

续表

			合计	中部干旱带	南部土石山区
安置模式	县内安置	户数（户）	28368	3707	24661
		人数（人）	121100	13271	107829
		人数占比（%）	35	3.8	31.2
	县外安置	户数（户）	50447	—	50447
		人数（人）	224900	—	224900
		人数占比（%）	65	—	65
	备注		此次生态移民共涉及91个乡（镇）684个行政村1655个自然村；其中，宁夏南部土石山区的6县1区均在六盘山集中连片特困地区		

资料来源：宁夏移民局（2011）。

这一阶段移民分为两类，一类是以耕作土地为主的生态移民，有25.95万人，占75%，每户住房面积54平方米；另一类是以务工为主的劳务移民，有8.65万人，占25%，每户周转房面积50平方米，廉租期5年。将县内、县外移民相结合，以县外移民为主，安置方式包括：开发土地集中安置、因地制宜插花安置、劳务移民无地安置和特殊人群敬老院安置。

三 生态移民特征

第一，生态移民工程是国家扶贫战略任务在地方的实践行动。

宁夏移民工程建设是与国家的重大决策部署紧密相连的（见表2－3）。20世纪80年代，为解决甘、宁特困地区群众的温饱问题，国家发展计划委员会等部门多次深入宁夏调研，先后实施"三西"建设、国家"八七"扶贫攻坚计划，以及东西合作帮扶计划，这一阶段的移民搬迁以扶贫开发为目标，旨在解决群众的生计问题，在移民群众完全自愿的基础上，国家给多少钱，宁夏回族自治区政府就办多大事。进入21世纪，国家实施西部大开发战略，并先后制定了两次农村扶贫发展规划纲要，各有十年的发展目标，2008年10月国务院决定将"三西"农业建设资金扶持再延长6年,从2009年延续到2015年,成为"三西"建设的第三期,2002年国务院颁布了《退耕还林条例》,提出对移民农户的生产、生活给予适当补助。宁夏回族自治区政府抓住机遇,积极进行生态移民,此时的移民搬迁是移民部分自愿的方式。另外,在搬迁规模上由吊庄移民时期的遍布山区各县、各乡镇、各村,变为生态移民时期的整村推进;在管理体制上由吊庄移民时期的迁出地属地管理,变为生态移民时期的迁入地属地管理。

表2-3 宁夏生态移民工程与国家项目的相关性

移民工程阶段	国家项目	宁夏移民思路、原则
吊庄移民	"三西"建设前十年	有水路走水路,水路不通走旱路,水旱不通另找出路;以川济山,山川共济
扬黄灌溉工程移民	"三西"建设后十年,国家"八七"扶贫攻坚计划	搬得出、稳得住、能致富
易地扶贫移民	易地扶贫移民搬迁试点工程,西部大开发	一方水土养不活一方人;一年建设,两年搬迁,三年稳定
中部干旱带县内移民	"三西"建设第三阶段	水源、特色、转移、变绿;人随水走,水随人流;节水增地、改善生态、移民致富
中南部地区生态移民	深入实施西部大开发	山内的问题山外解决,山上的问题山下解决,面上的问题点线解决

资料来源:根据宁夏扶贫办、移民局资料整理。

第二,生态移民的目标从单一性逐步走向多元化。

宁夏移民工程运行的30多年,从某种程度上说是国家改革开放以来在西部欠发达地区扶贫式开发的缩影,从20世纪的单纯扶贫转变为21世纪的扶贫、发展与生态修复并进。虽然移民群众更多的是关心改善生计、脱贫致富,但是这也间接地为维护西部地区(确切地说是宁夏中南部地区)的生态做出了贡献(见表2-4)。

表 2-4 宁夏生态移民工程不同阶段的目标

移民工程阶段	组织实施单位	目标		
		中央政府层面	宁夏回族自治区政府层面	移民群体层面
吊庄移民（1983~1994）	自治区扶贫办	扶贫	扶贫	解决温饱
扬黄灌溉工程移民（1995~2000）	自治区"1236"工程指挥部	扶贫	扶贫	解决温饱
易地扶贫移民（2001~2006）	自治区扶贫办	扶贫、生态恢复	扶贫、生态恢复	改善生计
中部干旱带县内移民（2007~2010）	自治区扶贫办	发展、生态恢复	扶贫、生态恢复	脱贫致富
中南部地区生态移民（2011~2015）	自治区移民局	发展、生态恢复	扶贫、生态恢复	脱贫致富

资料来源：根据宁夏扶贫办、移民局资料整理。

第三，生态移民工程的资金来源以国家财政转移支付为主。

在吊庄移民建设的过程中，使用的资金主要由国家"三西"农业建设项目拨款，这个项目持续了 20 年，为保障扶贫资金的投入强度，国务院扶贫开发领导小组决定，将"三西"建设最后两年（2001、2002）的资金，提前至 1998 年和 1999 年使用。此外，还有扬黄灌溉工程资金、地方筹措资金、区域间的帮扶资金等（见表 2-5）。

表 2-5 宁夏吊庄移民建设资金统计

资金类别	资金来源	运行时间	资金额	备注
"三西"建设	国家拨款	1983~2002 年	7.065 亿元	最后两年资金在 2000 年前使用
扬黄灌溉工程	国家拨款	1994~2000 年	27.65 亿元	
东西合作开发	江苏、福建拨款	1996~2000 年	1.16 亿元	社会捐助 6816.7 万元
合计			35.875 亿元	

资料来源：宁夏环境科学学会（2012：40~45）；吴海鹰等（2008：101）。

2001~2007 年，国家易地扶贫搬迁移民试点工程涉及宁夏移民 12.6 万人，累计投入资金 6.64 亿元。在 2001~2004 年国家试点阶段计划中，

第二章 生态移民概述

国家发展计划委员会（2003年改组为国家发改委）安排宁夏易地扶贫搬迁试点工程总投资64370万元，其中移民专项资金42000万元，地方配套及群众自筹22370万元，计划安置移民11.6万人。2001～2006年在宁夏扶贫扬黄灌溉工程（"1236"工程）的红寺堡灌区、固海扬水工程扩灌区、盐环定扬水工程灌区、彭阳长城塬灌区等和农垦国营农场建设移民安置点，总投资6.84亿元，其中国家专项资金4.5亿元。政府资金包括中央政府拨款和地方政府配套资金，用于基础设施、移民房以及防护林等；移民自筹资金用于水电入户、房屋建设。

根据《宁夏中部干旱带发展规划纲要》，从2007年起移民搬迁重点由六盘山水源涵养林区调整到中部干旱带，计划投入资金28.42亿元，其中农田水利12.18亿元、人畜饮水0.7亿元、配套设施15.54亿元。到2010年底开发土地27.7万亩，搬迁移民12.2万人，建设移民住房190万平方米，投资26亿元。

《宁夏"十二五"中南部地区生态移民规划》提出，需要投入资金105.8亿元，其中移民住房41.02亿元，农田水利工程24.6亿元，劳务产业技能培训3.31亿元，特色产业发展4.6亿元，基础设施21.51亿元，生态建设5.096亿元，前期工作费用3.87亿元等。

第二节　生态移民素描

一　M镇概况

M镇位于银川市永宁县，在贺兰山洪积平原的中下部，气候干燥，日照充足，蒸发量大，热量丰富，昼夜温差大，土壤类型为淡灰钙土，兼有土丘地、河滩地和沙石地，降雨量虽少，但可以进行扬黄灌溉，适宜种植葡萄、枸杞、苗木、玉米等。

据《宁夏吊庄移民》记载，M镇前身是建于1990年的一个移民村庄，根据自治区人民政府《会议纪要》（宁政阅〔1990〕13号）"将国营连湖农场10队和11队进行农垦系统内部搬迁，划出1.6万亩土地由西吉县作为吊庄基地"和自治区人民政府办公厅《关于转发〈甘城子和扁担沟续建扬水工程现场办公会议纪要〉的通知》（宁政发〔1990〕122号）"青铜峡市甘城子划出净开发土地1.8万亩为西吉县吊庄基地"，先后从国营玉泉营农场、青铜峡市甘城子乡、国营黄羊滩农场划拨6.6万亩土地，成立了扶贫经济开发区（李宁，2003：251~254）。截至1997年底开发耕地3.4万亩，人均1.9亩，林地600亩、果园500亩，搬迁移民3336户1.8万人，回族人口占71%，同时建有卫生院、粮库、邮电所、加油站、中学、小学、幼儿园等基础公共设施。2000年9月交由永宁县管理，2002年2月自治区人民政府批准成立M镇，2013年5月自治区党委、政府确定M镇扩权强镇，同时打造成生态移民示范基地和小城镇建设示范基地，并由银川市政府直接负责建设。2014年M镇被住建部等国家七部委联合命名为"全国重点镇"，并荣获"全国民族团结进步模范集体""全国社会扶贫先进集体"称号。2017年行政区划面积210平方千米，下辖6个行政村，耕地3533公顷，建有初级中学1所、小学3所，户籍人口8870户4.4万人，其中回族人口占83%，约3.65万人。

另据《宁夏吊庄移民》记载，在国家"八七"扶贫计划提出的东部发达地区帮扶西部贫困地区和国务院扶贫开发领导小组提出的"东西协作"的战略部署下，M镇是福建省对口支援宁夏的见证，两省区成立了专门的机构，并共同成立扶贫协作领导小组，设有专门联席会议，1996~2014年两省区共召开了18次联席会议。截至2011年福建省援助宁夏资金2.94亿元，其中直接投入M镇2600多万元，福建民营企业德龙集团在M镇种植葡萄10万亩。

M镇是一个以农业为主的乡镇，适宜种植葡萄、枸杞、苗木、玉米等，同时兼顾养殖业。据统计，2012年全镇饲养牛13380头，羊400012只，生猪10002头，家禽91115只。M镇2008~2018年农村经济发展状况如表2-6所示。

在加快农业发展的同时，M镇政府积极加快工业和商贸发展，2014

年完成扶贫产业园区的"五通一平"工程建设,国电英力特援建了6栋标准化厂房,福建亚通水科技有限公司、南安青川管业有限公司等6家企业落户M镇。建设了汽车物流园,规划以201省道为轴线在东西两侧建设回乡风情商贸街与闽南商业区,形成镇区201省道两侧集商贸、餐饮等于一体的服务业发展格局,以及贺兰山东麓葡萄旅游观光带。

表2-6 M镇2008~2018年农村经济发展状况

年份	农村经济总收入(万元)	农民人均纯收入(元)
2008	2926	1820
2009	5628	2399
2010	6700	2916
2011	7886	3186
2012	10600	4685
2013	—	7120
2014	—	9000
2015	—	10361
2016	—	12225
2017	—	11976
2018	—	12988

资料来源:永宁县史志编审委员会(2009);永宁县党史县志办公室(2011);永宁县史志编纂委员会办公室(2013,2015,2016,2017,2018,2019)。

二 M镇生态移民安置模式

在宁夏"十二五"规划期间,永宁县承担生态移民4328户17800人,包括原州区1637户6670人(以回族群众为主)、隆德县2691户11130人(以汉族群众为主),规划建设生态移民安置区6个,其中在M镇有3个安置区,共2628户12282人,人口占整个县生态移民的2/3以上,建设生态移民安置房2543套、劳务移民安置房750套。根据移民群众是否拥有土地及土地是否被移民耕种,可以分为三类安置模式:"有土耕作"安置模式（有耕种设施农业温棚等）、"有土不见土"安置模式（土地被流转）、"无土悬空"安置模式（居住在楼房，属于劳务移民）。

第一，"有土耕作"安置模式。这种安置模式中移民群众拥有土地，设施如温棚或圈棚，移民耕种土地或者散养牲畜。武河村是一个新老移民混合聚居的移民村，是20世纪90年代建设的吊庄移民安置区，安置西吉县的贫困群众。有16个村民小组1284户11500余人，耕地面积6005亩，种植葡萄、培养菌菇、养殖肉牛兼顾劳务输出，建有农贸市场1个、营业房18套。2012年5月从隆德县迁入30户移民，与以前的十几户老移民合编成一个村民小组，院落占地2亩，其中包括1亩的温棚和0.4亩的拱棚，这些都是政府投资兴建的现代农业设施。该村村民小组梁组长说："在搬迁之前政府已经在温棚里种了葡萄树，老百姓看着长大就是了。"此外，户均分到1亩地，由于是沙石地且没有水浇灌，全部荒芜。政府对搬迁到该村的户籍人口有特殊规定，必须是三代五口之家，多于5口人就被安置到原隆村，少于5口人会被安排到没有土地的康福移民小区。

第二，"有土不见土"安置模式。这种安置模式下的移民群众，名义上拥有土地，但是土地被政府统一流转给企业，用于规模化种植，移民群众每年可以获得一定数量的流转费。原隆村生态移民区就属于这种安置模式，它是M镇最大移民点，位于M镇北端，在201省道西侧，村庄占地1215亩，分为南区和北区，共安排A、B、C、D四个住宅区，建设1998套村院，安置移民1万多人。2010年开始筹建，分期完成，2011年建成A、B、C三个住宅区1237套村院，2012年建成359套村院，2013年建成402套村院，全部完成。北区村院住户全部为汉族移民，南区村院住户以回族移民为主，还有部分汉族移民。南区和北区之间的中央大道与201省道相接，中心路和东环路贯通南北，通过巷道通往住户。南北区之间是该村的公共设施，有文化广场、村部、卫生室、文化站、农贸市场、村内商铺等，另有小学1所、幼儿园1所、垃圾中转站1个，宗教文化场所建设用地有两处。此外，还在201省道旁建有商铺。

根据规划，"人均7分地，户均3亩地"，引进专业公司发展葡萄产业，每个移民每年所得流转资金为518元，移民的收入以外出务工所得为主。实际上规划的"有土安置"变成了"无土安置"，生态移民村变成了"打工者的聚居区"。

第三，"无土悬空"安置模式。这种安置模式下移民群众没有土地，居住在楼房，以外出务工为主。康福移民小区是县里在M镇规划建设的楼房安置区，属于生态移民中的"无土安置"，也称作"劳务移民"，小区位于镇政府北侧。原则上说，这些移民家庭人口较少，主要是年轻人。我们调查中发现与生态移民的"有土安置"相比，这种"无土悬空"安置模式并不受老百姓欢迎，大家觉得还是有点土地比较好，心里踏实。县里负责移民搬迁的工作人员也认为劳务移民的搬迁难度很大，如2013年5月第一批来自固原市原州区的部分移民群众到达康福移民小区后，看到楼房面积只有40平方米左右，一家人居住困难，他们没有卸载大卡车上的东西，当天要求政府将其送回老家，不搬迁了。

三　M镇特殊"二元"结构

其一，M镇是特殊时期的偶然产物，在国家扶贫攻坚计划阶段，以"东部与西部"地区扶贫合作建设的模式，受到两地区政府的重视且合作持续到现在；其二，M镇是宁夏回族自治区政府打造的城镇化建设示范点和生态移民安置示范点，从2013年开始在上级政府的支持下加强公共基础设施建设和城镇改造建设，在政府强力推进下走工业化兴镇之路；其三，以农业起步，结合养殖业的发展之路，种植大豆、玉米、菌草蘑菇、枸杞、葡萄，养殖牛、羊和家禽；其四，M镇是纯移民乡镇，从20世纪90年代开始移民搬迁从来没有中断，全部是来自宁夏南部山区的农民。M镇建设了移民"互嵌式"安置区，这在全区生态移民安置点中并不多见。总之，M镇正从传统的扶贫移民安置区向现代化城镇艰难转变，其现代化之路主要通过政府行政动员的方式推进，形成典型的"二元"结构。

第三节　生态治理蓝图

一　生态治理规划

治理理论兴起是由于公共权力结构和政府管理出现问题和危机，该理论的创始者詹姆斯·罗西瑙（James N. Rosenau）指出，治理是一系列活动领域里的管理机制，虽未得到正式授权，却能发挥有效作用（杰索普，1999）。1989年世界银行在对南非的调查中首次提出"治理危机"的概念，风行西方社会的"第三条道路"也推崇治理。生态治理是以政府为主体，动员社会力量、市场资源，通过一系列复杂的运作机制，对环境恶化地区进行综合管理、修复，实现环境资源发展的可持续性。根据《宁夏生态移民迁出区生态修复工程规划（2013—2020年）》，生态移民迁出区分布在六盘山水源涵养区、黄土丘陵水土保持区及干旱带防风固沙区。移民搬迁后土地收归国有，依托生态治理相关工程以自然修复为主、以人工修复为辅（见表2-7）。

表2-7　宁夏生态移民迁出生态类型区划

单位：个，万亩

生态类型分区	小计			县（区）	乡（镇）	移民迁出区范围	移民迁出区面积
	县（区）	乡（镇）	迁出区面积				
合计	10	96	1272.1	10	96		1272.1
六盘山水源涵养区	5	21	162.5	原州区	2	张易镇、开城镇	12.7
				西吉县	4	新营乡、白崖乡、火石寨乡、偏城乡	55.1
				隆德县	6	城关镇、奠安乡、山河乡、陈靳乡、好水乡、观庄乡	34.1
				泾源县	7	大湾乡、六盘山镇、黄花乡、香水乡、泾河源镇、新民乡、兴盛乡	47.4
				海原县	2	红羊乡、南华山管理处	13.2

续表

生态类型分区	小计			县(区)	乡(镇)	移民迁出区范围	移民迁出区面积
	县(区)	乡(镇)	迁出区面积				
黄土丘陵水土保持区	7	68	818.3	同心县	7	韦州镇、预旺镇、田老庄乡、张家塬乡、马高庄乡、王团镇、下马关镇	342.7
				盐池县	2	麻黄山乡、惠安堡镇	136.5
				原州区	9	三营镇、头营镇、彭堡镇、黄驿堡镇、官厅镇、炭山乡、寨科乡、河川乡、中河乡	80.6
				西吉县	15	吉强镇、兴隆镇、平峰镇、红耀乡、田坪乡、马建乡、震湖乡、兴平乡、西滩乡、王民乡、马莲乡、将台乡、硝河乡、什字乡、沙沟乡	30.9
				隆德县	7	沙塘镇、神林乡、联财镇、凤岭乡、温堡乡、杨河乡、张程乡	23.9
				彭阳县	12	小岔乡、罗洼乡、古城镇、城阳乡、孟塬乡、草庙乡、交岔乡、白阳镇、红河乡、王洼镇、冯庄乡、新集乡	67.1
				海原县	16	贾塘乡、海城镇、关庄乡、李俊乡、三河镇、树台乡、甘城乡、官桥乡、郑旗乡、曹洼乡、李旺镇、七营镇、史店乡、西安镇、九彩乡、甘盐池管委会	136.6
干旱带防风固沙区	4	7	291.3	同心县	3	河西镇、窑山管委会、兴隆乡	83.2
				盐池县	2	花马池镇、青山乡	85.6
				沙坡头区	1	蒿川乡	70.2
				中宁县	1	徐套乡	52.3

资料来源：宁夏回族自治区人民政府（2013）。

整个生态移民迁出区涉及宁夏南部山区的10个县（区）的96个乡（镇），面积达到1272.1万亩。政府对生态恢复区进行了分类，以便对不同地区采取不同的生态修复策略（见表2-8）。一是六盘山水源涵养区，主要加强对现有林地的管护封育，利用水资源相对丰富的优势，种草、种树；二是黄土丘陵水土保持区，通过自然生态修复与人工种草相结合，依托国家退耕还林还草工程和西部大开发战略，加强水土流失保护工作；三是干旱带防风固沙区，继续封山禁牧，自然恢复生态，防止病虫鼠害，综合治理。

表 2-8 宁夏生态移民迁出区生态修复工程规划投资

单位：万元

工程	项目		投资标准		
			合计	国家补助资金	地方配套资金
填埋工程	房屋拆迁及废弃物填埋		1000	800	200
林业工程	生态林	乔木林	1665	300	1365
		灌木林	800	120	680
	经果林		3000	400	2600
	中幼林抚育管护		120	120	
	种苗基地		5000	4000	1000
草地恢复工程	人工种草		240	160	80
	补播改良		150	45	105
水土保持工程	小型水保设施	柳谷坊	500	500	
		沟头防护	4000	4000	
	淤地坝除险加固		根据工程量测算	80%	20%
	小型供水工程		根据工程量测算	80%	20%

资料来源：宁夏回族自治区人民政府（2013）。

二 生态治理机制

生态治理作为一种"公共政策"，目前主要通过自上而下的方式，由中央政府主导推行。生态治理模式呈现"碎片化"状况，使得正式规则很难完全重塑系统力量，其结果是生态治理的效能低下，生态结构修复的预期目标实现难度增大。

首先，生态治理的价值取向。在生态治理结构体系中，当不同的主体在认识上取得共识时，有助于在行动目标上协调一致，其实这种共识是很难达成的。生态治理中的国家（即中央政府）是公共利益的代表，重视长效的生态文明建设；民众主要是生态破坏地区的农民，他们既是生态破坏的直接受害者也是生态保护的践行者,但是他们更关心自身的利益诉求,换句话说他们希望得到更多补偿;地方政府也有自身的政绩诉求。

其次,生态治理的组织结构。生态治理区域规则和流域规则不兼容,涉及多个部门,看似部门各司其职、协同治理,但事实上管理被分割成块。宁夏六盘山生态移民工程由移民局牵头,国家发改委负责规划,国土资源局负责平整调配土地,水电局负责兴修水利灌溉基础设施,县级政府负责搬迁,乡镇政府负责管理,林业局负责迁出地生态恢复。每个部门都有自己的职能空间,并设定相应的政策目标,通过行动实现部门利益,这种分离的状态导致部门职能的交叉甚至"边界冲突",出现公共服务的缺失。

最后,生态治理的权利资源。在生态治理方面,虽然中央政府和地方政府在利益上是一致的,但在具体实践中地方政府既是中央政府的"代理人",也是地方发展的"当家人",具有双重角色,它又是地方事务治理的主体,表现出"经济人"特性,有相对独立的自身利益,既要谋求地方经济社会的发展,也要维护好生态治理(见表2-9)。马克斯·韦伯(2010a)认为在科层制的管理体制中,官僚制的特点是理性化、分工和专业化,前者排除人格化的因素,照章办事,通过等级制权威影响集体行为,后者关注部门利益、层级利益,地方政府兼具理性化和专业化的特征。

表2-9 生态治理中的中央政府与地方政府

	利益趋向	权力主体	代表利益群
中央政府	单一性	政策制定者	国家整体利益
地方政府	双重性	政策执行者	国家整体利益、地方辖区利益

其实,地方政府内部也存在差异。例如宁夏六盘山生态治理中自治区政府高度重视退耕还林、移民搬迁,截至2013年6月固原市共完成退耕还林工程466.1万亩,其中退耕地造林254.2万亩、荒山造林211.9万

亩，农民人均退耕补助 298 元，占农民人均纯收入的 6.35%。而固原市退耕还林的 90% 为生态林，且处于幼林阶段，经济效益差，生态建设补偿对增加农民收入的贡献率不高，影响了群众的积极性。

三 协同整合生态治理

20 世纪 90 年代克里斯托费·波利特（Pollit，2003）等学者提出了"整体性政府"管理的理念，旨在整合各种资源，促使不同利益主体在项目提议或政策执行中团结协作，消除互相推诿的政策场域。

第一，政府主导与行动主体协同整合：生态治理的宏观机制。目前，生态治理的资金来源主要是中央政府财政转移投资和地方政府的投入，例如 2010 年以来中央政府先后拨付给青海省三江源生态保护区的生态补偿资金超过 60 亿元。跨区域的生态补偿从当前检索到的文献看，仅有 2011 年 12 月陕甘两省签订的《渭河流域环境保护城市联盟框架协议》，该协议规定在渭河源头治理中陕西每年向甘肃天水和定西两市补偿 600 万元，这是西北地区跨区域补偿的先例，是受益者付费、保护者获得补偿原则的结果。宁夏生态移民迁出地生态修复资金也不例外，生态修复工程的资金来源主体是中央政府专项财政拨款，这是财政"项目制"转移支付的主要渠道，地方政府通常在中央政府通过正常拨款支持地方经济建设之外，积极争取各类计划外资金（见表 2-8）。生态资源是一种"公共物品"，具有排他性和非竞争性的特点，在特定制度下生态治理的博弈中地方政府无论是否参与保护都会获益，产生曼库尔·奥尔森所谓的"搭便车"行为。中央政府是生态治理的主体，全面协调生态区域各级政府的利益和矛盾，特别是跨区域政府的治理机制，整体性优化利益配置，落实生态保护者、受益者、破坏者的责任主体。宁夏六盘山区应积极借鉴外地经验，积极争取中央财政、环保、水利等部门的统一协调。

第二，政府主导与行动机构协同整合：生态治理的中观机制。国家与社会是紧密相连的，国家是社会的一种特殊形式，即政治上组织起来的社会，社会是为了进行必要的合作而有意识地建立起来的政治组织。新涂尔干主义者在"扬弃"涂尔干社会学理论的基础上,从制度和协调的角度解释国家和各次级单位的公共管理,形成了"整体性"的运作思路。结构功能主义大师T.帕森斯认为社会各部分是有机联系的,行动系统分为行为有机体系统、人格系统、社会系统和文化系统,每个系统有相应的功能,即适应、获取、整合和模式维持,简称"AGIL",社会各系统之间构成一个交换关系,这是社会结构化的基础,四种功能的实现是整个社会体系稳定的关键(特纳,2006:126)。结构功能主义理论给"整体性"生态治理模式提供了启示,即政府主导,各个职能机构参与,分清责任、权力和分工,各部门相互配合是生态治理良性运行的关键。决策机构、监督机构、考核环节、补偿机制构成完备的治理"链条",形成有机的整体系统,共同维护生态治理结构的完整。

第三,政府主导与行动策略协同整合:生态治理的微观机制。首先,市场机制的保护措施。由市场决定资源配置,将国家要素驱动转为创新驱动、效率驱动和质量驱动。目前,生态治理资金主要是政府投入、环境污染罚款和资源税,政府要制定生态治理融资渠道的相关政策,发挥市场配置资源的灵活性,从单一政府主导型融资向以政府主导补偿为主、以市场调控融资为辅转变,形成政府、企业、民众的合力。如依照福利彩票、体育彩票模式,中央政府发行生态治理彩票,让全民参与到生态治理体系之中,提高民众的公共生态意识。引导企业进行生态治理投资,用投资抵销企业税收,以增强企业的社会责任感。其次,社会机制的保护措施。卡尔·波兰尼首次提出"嵌入性"概念后,格兰诺维特对它进行了充实并在社会科学的诸多领域使用,他认为任何经济、政治行动都是嵌入社会结构之中的,对经济、政治行动的分析必须建立在社会结构基础之上。"嵌入性"理论被用来分析中国的绿色行动组织,绿色行动组织表现出"嵌入性"特征,既服从"国家"领导,又保持自身的行动方式。换句话说,绿色行动组织并非完全自治且自律的,而是受到羁绊并嵌入政治与社会行动者的人际关系以及非正式或正式规则网络之中,并由此获得一定的空间,然后产生和发展(何、安德蒙,2012:3~5)。例如20世纪90年代中期顺应中央政府对环境保护的重视成立的"自然之友"(FON)和"地球村"(GVB),获得了很多国际基金的支持,绿色行动组织的涌现减少了政府对生态治理成本的投入,是生态治理机制的有效补充,政府应给予这些绿色行动组织一定的政治权利并鼓励其为社会做出贡献。此外,生态治理规约机制的保护措施。通过签订协议,制定相关的行动准则、法规,为生态治理补偿提供文本性保护措施。在生态法治方面,依据宪法和2014年4月新修订的《中华人民共和国环境保护法》,完善关于生态保护的法律、法规体系和地方政府生态治理与保护的责任体系。要走出经济政绩的思维,既要注重发展成果,也要看到投入与产出比例,综合考虑资源、环境、生态负债等内容。

第四节 小结

农村贫困问题一直是制约中国现代化建设的重要因素,扶贫开发是国家的应急型政策,也是储备型政策。其一,扶贫开发与国家经济社会发展相适应。中国扶贫开发工作经历了三个阶段,整片区域性扶贫时中国经济发展水平低,解决贫困群众温饱问题是当时的重中之重,随着经济社会的发展,我国逐渐精确扶贫对象,扩大扶贫范围,扶贫开发也顺应形势变化,遵循"从大到小""从宏观到微观""从模糊到精确"的扶贫逻辑。并且根据国际贫困线标准提高了中国贫困线标准,这既可加强中国与世界各国在消除贫困问题上的互动,也可增加中国在消除贫困领域的话语权。目前,全球共同体践行着政治、经济等方面的"全球治理",展望"人类命运共同体"的全球秩序。其二,扶贫开发与国家宏观发展规划战略相适应。20世纪以来,国家制定了多个"五年"规(计)划,完成了"三步走"战略目标的前"两步",实施了西部大开发战略、退耕还林还草工程,以及全面建设小康社会。同时,扶贫开发是中国对2000年9月《联合国千年宣言》确立的"消除贫困"核心议题的承诺,也是党和国家对人民的庄严承诺,承载了21世纪人类对美好生活的向往与对发展的期盼。

第二章 生态移民概述

其三，扶贫开发与时代历史使命相适应。一方面，扶贫开发传承历史使命，从粗放式扶贫到精准扶贫使扶贫对象的结构发生变化，扶贫区域发生改变。既要传承改革开放时代的"三步走"战略的历史使命，也要在后改革开放时代完成新的历史使命，确保"十三五"末贫困县全部脱帽和贫困户真脱贫。另一方面，扶贫开发拓展目标，为实现中华民族伟大复兴，确保"两个一百年"奋斗目标的实现，向着中等发达国家生活水平迈进。

20世纪80年代开始实施的宁夏生态移民搬迁分为两个阶段：第一个阶段是吊庄移民，主要目标是扶贫开发；第二个阶段是生态移民，在扶贫开发的基础上对迁出地进行生态修复。在规划搬迁思路上两个阶段的区别在于，第一阶段移民以自愿搬迁为主，允许移民在迁出地与迁入地都进行农田耕种，政府希望经济条件发展好了后移民自然转移到迁入地，与迁出地断绝联系，此阶段政府只是在迁入地分配土地、宅基地，移民自己开发耕种并且建造房屋，但是部分移民多年来无法融入迁入地，移民返迁率较高。在总结第一阶段移民经验的基础上，第二阶段的移民搬迁规划实行整村推进，一旦搬迁就彻底与迁出地断绝联系，这种做法的弊端是速度过快，移民没有"缓冲区"，很难接受，再加上第二阶段的部分移民群众居住在水源涵养地，属于政策性移民，自愿性比较差，搬迁后部分移民属于无土安置，部分移民分到很少的土地，但是土地都被"流转"。换句话说，移民是没有土地的农民，移民安置区变成"打工者的聚居区"，收入主要依靠外出务工。第二阶段移民最大的好处是政府在迁入地建有移民安置房，同时在搬迁规模上远远超过第一阶段。生态移民的主要资金来源是中央专项拨款，还包括区域间的对口扶贫资金、地方政府自筹资金、搬迁对象自筹资金以及国际社会援助资金。

M镇是区域间对口扶贫开发建设的产物，也是宁夏最大的纯移民乡镇，在宁夏"十二五"时期主要搬迁隆德县和原州区的群众。移民安置模式包含了第二阶段移民搬迁的所有类型，同时该镇也是宁夏回族自治区政府期望建造的移民安置示范镇和城镇化建设示范镇。可以说，M镇是宁夏生态移民搬迁的缩影，有很强的典型性。

生态治理是宁夏生态移民的有机组成部分，传统体制下的生态治理模式呈现治理主体价值观念分歧、组织结构松散和权力资源内耗等"碎片化"状况，使得正式规则不能完全重塑系统力量，其结果是生态治理效能低下，生态结构修复的预期目标难以实现。随着新型政府管理理念的兴起，在生态治理的系统结构中，通过国家权威运作的整合性思维，基于"整体性"的政府治理理念，以国家为主导，在宏观、中观和微观三个层次上将行动主体、行动机构及行动策略协同整合，这是对生态治理机制转向的有益探索。

第三章 生态移民前:国家与乡村社会的格局

第一节 乡村社会现实境遇

一 乡村社会的资源环境

宁夏位于黄河中上游黄土高原西北,地跨我国东部季风区域和西北干旱区域,地势南高北低,地形南北狭长、中间宽阔,气候南凉北暖。根据自然环境状况,宁夏由南向北划分为三大区域:南部山区、中部干旱带和北部引黄灌区(见表3-1)。

表3-1 宁夏分区土地、水资源量统计

分区	土地面积 (万平方千米)	耕地面积 (万亩)	灌溉面积 (万亩)	水资源总量 (亿立方米)
北部引黄灌区	1.51	528	537	4.16
中部干旱带	2.61	619	150	1.97
南部山区	1.06	547	62	5.50
全区	5.18	1694	749	11.63

资料来源:马忠玉(2012:87)。

首先,南部山区属于黄土丘陵干草原地带,包括固原市、海原县的大部分地区及盐池县、同心县南部,面积占全区的1/3。这一区域,山地、塬地与河谷川地镶嵌，河流分布集中，清水河、祖厉河、葫芦河及泾河等以六盘山区为中心向四周放射分布，地表水资源相对丰富，地质疏松，地形破碎，水土流失严重，极端气候现象频发。降水量与蒸发量基本持平，光热资源不足，气温低。其中六盘山水源涵养地高寒阴冷，林木繁茂，野生动物活动频繁。其次，中部干旱带包括黄土丘陵以北、贺兰山与卫宁平原及银川平原以南地区，约占全区总面积的一半。属于温带大陆性干旱半干旱气候，地貌分为台地、山地和山间平原三种类型，自然带以荒漠草原为主，是降水少、地面径流少、地下水少的"三少"地区，水土资源极不平衡，沙尘暴等自然灾害频发，日照充足，气温较高。最后，北部引黄灌区指宁夏平原和卫宁平原，约占全区总面积的1/6，自然环境良好，地势平坦，土层深厚，土地肥沃，尽管降水量仍然很少，但是黄河自中卫进入宁夏后，便于兴修水利，适合农业灌溉，且日照充足，热量资源丰富，主产水稻、小麦、玉米及枸杞等作物（见表3-2）。根据《宁夏通志》相关记载，1951年到2000年的50年间，宁夏降水量总体呈下降趋势。从一年四季看，秋季降水量下降最快，致使次年的春耕因干旱而无法进行，其他三个季节变化不甚明显。位于半湿润半干旱地区的固原县降水量下降速度为每十年3.4毫米，20世纪90年代以来下降速度逐年加快。

表3-2 宁夏各地区气候特征

气候区	特征	包含区域
中温带六盘山区高冷半湿润	蒸发量与降水量基本持平、光热不足、气温低	泾源县、隆德县全部，原州区、彭阳县南部，西吉县东南部
中温带同心县、盐池县半干旱	蒸发量远大于降水量、干旱、日照强	西吉县、原州区大部，海原县、同心县南部，盐池县东北部
中温带银南丘陵半干旱	蒸发量大于降水量、干旱、日照强	盐池县西部，同心县北部，中卫、中宁县南部，吴忠市、灵武市东部
中温带贺兰山东侧引黄灌区干旱	蒸发量大于降水量、干旱、光热丰富	吴忠市北部，银川市、石嘴山市全部

资料来源：宁夏通志编纂委员会（2008）。

宁夏南部山区严酷的自然环境致使生活在这里的群众赖以生存的生态系统提供的产品和服务基础薄弱，以农业收入为主的家庭经济收入只能维持简单的生计。原州区开城镇的一位老人说：

> 这里是半阴湿地方，山上自动向外渗水，山体慢慢下滑，土质不行，房子盖好几年后就自己毁了，必须重新盖。现在是守房房塌了，守地地种树了，守人人走了。

隆德县移民办副主任说：

> 这里一年就晒一个月，几乎四季都在屋子里、都生炉子，女人感叹说"我们的裙子在柜子里放坏了"……气候、水质差导致残疾人多，患风湿病的人也多，这里只能维持生活，富裕是绝对富裕不了。

贫困与环境退化是相伴而生的，贫困地区的群众为了维持生计，过度利用环境，如砍伐森林、铲除草皮以获取燃料，加剧了环境退化，同时环境退化导致的水土流失、土地沙化进一步加剧了贫困。环境退化主要由两方面的因素引起：一是自然条件恶劣，有效降水量减少，生态系统脆弱，土地沙化、荒漠化程度增强；二是人类的过度利用，随着人口增加，超负荷利用土地、水、森林、草场等资源，排放大量的废弃物，加大了环境承载压力。为了调节人口与环境的矛盾，一方面政府组织实施人口流动，另一方面环境脆弱地区的群众自发实施迁移。2010年第六次全国人口普查数据显示，宁夏总人口为630.1万人（见表3-3）。当地人口存在两种迁移路径：其一，南部山区人口向北部转移，北部川区引黄灌溉区域人口的比重呈现上升趋势，相反，南部山区特别是自然环境较差地区的人口比重不断下降；其二，农村人口向城镇转移，在县城、省会城市流动人口大量增加，城市化、半城市化步伐加快。

宁夏人口分布的结构变化与全区经济社会发展不平衡相关，北部引黄灌区经济社会发展迅速，城市化水平高，致使南部山区人口向北迁移。同时，经商或务工使人口流动量增加，导致北部川区第二、第三产业人口比重增加，也促进了南部山区农村剩余劳动力的转移就业。此外，政府有组织地实施移民搬迁，人为促进了宁夏人口重心的转移。

表3-3 第六次全国人口普查宁夏各区域人口统计

单位：万人，%

区域	人口	占全区总人口比例
北部引黄灌区	405.4	64.34
中部干旱带	101.9	16.17
南部山区	122.8	19.49
全区	630.1	100.00

资料来源：宁夏统计局、宁夏第六次全国人口普查领导小组办公室（2011）。

早期研究人口与贫困问题的学者马尔萨斯在《人口原理》中指出，限制人口数量是避免绝对贫困的办法，人口增加会无情地导致收入水平只能够维持生存，该理论被称为"马尔萨斯陷阱"。相反，凯恩斯乐观地认为，人口增加是经济发展的有利因素，美国经济学家的"库兹涅茨曲线"表明，经济发展不充分时，收入分配趋于不平等，随着经济达到充分发展阶段才趋于平等。折中的观点认为贫困与人口数量、密度没有直接关系，人口素质影响了贫困的形成（托达罗、史密斯，2014）。

从宁夏"十二五"规划的开局之年各市县人口自然变化的情况看，全区人口出生率是13.65‰，其中固原市人口出生率、死亡率和自然增长率均为最高，分别为15.87‰、4.93‰和10.94‰，人口出生率最低的是工业城市石嘴山市，为9.24‰，中南部九县（区）的平均出生率是16.04‰，虽然实施计划生育政策多年，但是出生人口所占比例仍然远高于全区其他市。山区经济水平低下，以农业生产为主，收入主要依靠劳动力外出务工,再加上农村社会保障制度不完善,"养儿防老"仍然是主要的养老模式,如果家中子女多特别是男孩多,在父母年老时可以分摊养老,减轻家中的负担。从中南部九县(区)的人口自然增长率看,平均值比全区高出2.19个千分点,2/3的县(区)呈现两位数的人口自然增长率。据《固原市志》记载,在1985年宁夏固原市五个县(区)平均生育两个小孩和三个小孩的分别占29.7%、38.3%,五年以后基本持平,在1995年分别占32.7%、19.4%,在这之后生育三个小孩的家庭占比持续下降,生育两个小孩的家庭占比在增加,特别是到了2005年生育三个小孩的家庭仅占10%,虽然说这种情况在农村有所增加,但是总体上农村家庭生育小孩的数量在逐步减少。

在宁夏"十二五"前中南部九县(区)的汉族人口占总人口的46.16%,回族人口比汉族人口高7.58个百分点,其他少数民族人口不足2000人(见表3-4)。

表3-4 第六次全国人口普查宁夏中南部九县(区)各民族人口构成

单位:人,%

县(区)	汉族		回族		其他少数民族	
	人口	比重	人口	比重	人口	比重
原州区	223636	54.19	188608	45.70	457	0.11
西吉县	156274	43.71	201244	56.29	19	0.01
隆德县	143316	89.02	17654	10.97	16	0.01
泾源县	19902	19.65	81375	80.35	2	0.00
彭阳县	141903	70.71	58761	29.28	33	0.02
海原县	114647	29.40	274460	70.37	910	0.23
红寺堡区	65320	39.12	101469	60.76	203	0.12
盐池县	142513	97.09	4065	2.77	208	0.14
同心县	35853	11.11	286943	88.88	45	0.01
合计	1043364	46.16	1214579	53.74	1893	0.10

资料来源:笔者根据《宁夏统计年鉴2011》资料整理。

二 乡村社会的生活世界

乡村居住模式较为分散。在山区一个行政村常常包括若干个自然村，各村之间相距几里甚至几十里。从村庄的民族结构看，一般是单一民族居住，不同民族混合居住基本上是不存在的，这种居住模式是在长期的发展中自然形成的，没有丝毫的外在权力的介入。但是，有一种情况却并不鲜见，那就是不同民族村庄的毗邻，致使各民族群众在日常生活中交往频繁，既有一般的婚嫁喜事随礼，也有经济方面的相互接济，有意思的是笔者调研中发现，不同民族群众常以"拜干亲"的形式结成"拟亲缘"关系，以示更为亲近。

乡村文化生活丰富多样。山区农村并不是一个"同质性"群体，即使单一民族村庄也是如此，某单一民族村庄的各文化亚群体之间习惯的差异也较大，一个村庄有几个宗教文化活动场所分属于不同文化亚群体的现象并不鲜见。在举行宗教文化活动时他们归属于各自的文化活动场所，每个群体的成员形成情感认同，以免自己被"边缘化"。当然，这并不是说文化亚群体之间相互不交往交流，相反，在丧葬、祭日活动中他们互动频繁，若某个文化亚群体的人数太少，一般选择跟随与本群体习惯更为接近的群体，有时候毗邻村庄群众也会跨越村级边界组建共同的文化活动场所，从这个角度看宗教文化活动有时会超越"政治权力"的范畴。除了文化结构在传统乡村社会运行之外，家族权力、宗族权力在传统乡村社会的作用也不可小视，这两类权力对乡村社会的影响呈现相同的运作逻辑。

乡村经济结构较为单一。农村主要种植冬小麦、春小麦、糜、谷、荞麦、胡麻、玉米等，其中在六盘山区种植马铃薯、豌豆、蚕豆、燕麦、黑麦等，蔬菜瓜果主要有芹菜、甘蓝、萝卜、蔓菁、南瓜等，水果以苹果、梨及桃子为主，农业现代化水平还很低。在笔者调研时，有个老汉不停地抽旱烟，他比较了迁出地与迁入地的差异：

老家隆德县山河乡,田地是平的,风景好看,夏天不热;这里风沙大太,太热了,靠天吃饭,冬麦亩产五六百斤,还有蚕豆、山药。这里啥都买着吃,老家不买粮食、菜,这里停水停电就没法生活,老家烧柴。以前养牛羊,这里院子小得很,没地方养,也没草,老家退耕还林,地里种的草长得这么高(比画着),割着回家喂牲口美得很。

乡村集市贸易多姿多彩。受自然环境限制,交通不便,人们的社交范围狭小,主要是集市。据统计,截至2005年固原市原州区市区集市有8处,乡镇农贸市场有20个。集市一般以农历计算,例如"一四七、二五八、三六九",交易的物品大多数是农副产品,如牛羊肉、皮毛、山货,在大型的综合市场日常生活用品齐全,隆德县山河乡的竹木家具、杨河乡的牲畜交易、原州区黑城镇的粮食酒类、南河滩的食品调料等都吸引着当地群众。农贸集市中活动着三类主体:政府、商户、农民。政府负责维持治安,为商户办理相关营业资质,并定期收取少许的管理费;商户既要与农民产生交易关系,又要与政府产生管理与被管理的关系;在集市上农民与政府产生关系就是在每笔交易中市场管理人员收取的管理费。

农村群众都从事农业生产,一些有较强的商业意识的人,在农闲之余兼做小买卖,虽然这种商业行为是初级的,但也形成了农耕型经济和农商型经济之分。一般情况下居住在偏远地区的人主要属于农耕型经济,居住在乡村农贸市场附近的人,多趋向于农商型经济。集市系统由大到小可以分为县城集市、乡镇集市、十字路口集市及农村集市四个类型。笔者曾在固原市原州区开城镇调研,该镇位于101省道两侧,长约1千米,全是砖混平房,有农村信用社、邮电所、派出所和镇政府,其次是几家商铺和一个小型木材市场,虽然当天是集市,但是赶集的人并不多,集市到中午就散了。赶集的人或乘坐农用三轮车,或骑摩托车,或骑自行车从四周赶来。有老百姓干脆在公路旁边直接交易皮毛,有妇女穿梭于商铺之间,买些日用百货。笔者同一位老伯（买了半编织袋葱，正等回家的乡村公交车）聊了起来。

>笔者："镇上有没有餐馆？"
>
>老伯（指着前方）："有两个饭馆，路西边的卖麻辣烫，东边的卖饭。"
>
>笔者："只有一家卖饭的呀？"
>
>老伯（笑了）："两家都快倒闭了，老百姓在这儿吃饭的少，买上一斤肉回去全家都能吃，馆子里吃一碗饭就是十几块钱。"

在山区群众看来，在镇上餐馆吃饭是一件奢侈的事情，哪怕是从早上赶到下午也要回家吃饭。在他们的意识中在餐馆吃一顿饭就等于取消了全家改善一次伙食的机会，这是不会过日子的"败家行为"。搬迁到 M 镇的移民 MFS（有三个孩子的中年男人，该镇原隆村第七小组组长）向笔者回忆了自己的生活经历：

>我们家有兄弟姐妹 8 人（6 男 2 女），加上爷爷奶奶、父母亲共 12 口人，我父亲没有兄弟，只有 4 个姐妹。在农业合作化时期挣工分靠的是人手（劳力），我父亲有气管炎，干活干不动就给生产队放羊，日子难过得很。下放（包干到户）后我们家养一些羊，家里日子过得紧，兄弟姐妹们没念过几天书。我小时候穿的一双蓝布鞋，脚指头都在外面露着，我父亲在集市上用卖苁蓉的钱买了布，我母亲给我做了一双新布鞋。我偷偷穿上去学校，回来我母亲把我打了一顿，说现在穿上到了冬天咋办呢。

乡村生产生活封闭落后。乡村集市历史悠久，是一个集政治整合、经济贸易和文化娱乐于一体的综合性场所，是连接国家与社会、城市与农村的重要纽带。在经济新常态下乡村集市是农村经济的新增长点，是农村青年创业就业的孵化基地；乡村集市能够促进乡村特色旅游业发展，带动区域第三产业发展；乡村集市是多元文化的交融中心，是引领农村文化建设的风向标；乡村集市作为独特的公共空间，拥有正式体制所无法替代的对乡村社会的整合功能。宁夏乡村集市主要有三类：乡镇集市、农村集市和十字路口集市。据统计宁夏有195个乡镇2484个村，每个乡镇都有政府设立的集市，一般有固定的集期。距离县城较远的行政村和十字路口常常自发形成没有固定集期的集市。因此，要完善乡村集市的治理体系，挖掘乡村集市发展的动力源，驱动乡村振兴建设。

一是建立乡村集市作为现代物流中转站。农村地区特别是山区，商品流通组织相对滞后，市场发展缓慢。建立乡村集市作为乡村物流中大宗货物的集散中转站、农副产品和服务信息的收集和宣传平台、吸引城市现代物流企业进驻农村的前沿阵地。建立懂农业、爱农村、爱农民的"三农"工作队伍，积极培育新型农民，实现乡村振兴。

二是构建乡村集市农村电商集中交易平台。根据宁夏的经济发展水平和自然环境状况，在"互联网＋"信息技术条件下，在农村农户家中建立电商交易平台困难较大。但是利用乡村集市的聚合功能，可以尝试在集市建立电商平台，使群众转变生产经营理念，促进区域产品加速流通。实现"线上线下"销售相结合，刺激农村经济新的增长点，带动群众脱贫致富，实现乡村振兴。

三是重构乡村集市文化，建设特色集镇。乡村集市是现代文化、传统文化的交融中心，发挥着对农村文化建设的引领和辐射作用。依托宁夏各地区特色资源，例如山豆子等饮食资源、剪纸等民俗资源、山花等自然资源、枸杞等营养资源，以乡村集市为主建设"特色集镇""特色城镇"，发展积极向上的乡村集市文化，使农村文化建设迈上新台阶，带动乡村旅游发展，实现乡村振兴。

四是将乡村集市建成乡村政治的焦点。乡村集市作为乡村社会独特的公共空间，是刚性的行政力量无法替代的社会基础性整合手段，是群众最易集中的场所。集市与乡村社会的岁时节日、社会交往、婚姻、民间娱乐等发生着联系,农民群众通过赶集互通信息,拓展群众社会网络能够直接或间接改变农民群众的观念与行为。将乡村集市建成宣传党的路线方针和传播国家政策法规的场所,通过宣传牌、宣传单、宣传活动等宣传国家"三农"政策、民族宗教政策、新型产业模式,提高农民群众的认知水平,推动国家政策落实,实现乡村振兴。

五是规范乡村集市秩序。从乡村集市空间区域看,宁夏绝大多数乡村集市存在占用马路的现象,在集市上行人、车辆混杂交错通行,造成交通拥堵,交通事故常有发生;从乡村集市秩序看,集市成为流动商贩出售假冒伪劣商品(包括衣服鞋帽、家用电器、农药、种子、化肥等)的场所,也成为城市淘汰的电子产品的低端消费市场;从乡村集市商品监管看,乡村集市上生活用品和食品多为露天混合摆放,存在食品卫生隐患和疾病传播的风险。因而,政府应对乡村集市进行整体规划布局,健全商品交易制度,实现乡村振兴。

自20世纪80年代开始,全区农民家庭人均收支呈现增长态势,川区的农民家庭人均收支都大于山区,且高于全区的平均水平,1985年全区农民家庭人均收入都大于支出,这种状况一直持续到90年代。1995年情况开始发生变化,当年全区农民家庭人均纯收入为1037元,人均消费支出为1058元,中南部9县(区)也是如此,即收入小于支出,农民生活极度贫困,消费还是集中在衣食两方面。在2000年仅有泾源、彭阳、沙坡头和海原4县(区)情况发生逆转,但都低于全区农民人均收入水平(1724.3元)。随着移民等扶贫工作的进行,在"十一五"快结束时,中南部9县(区)情况有所好转,但仍低于全区农民人均收入(4675元)和消费支出(4013元)(见表3-5)。在1995年以前农民家庭的收入主要是生产性收入,包括农业生产和非农业生产,非生产性收入所占比重很小,主要是政府的转移性财政补贴,特别是实物性扶贫。

表 3-5　宁夏农民家庭人均收入、消费支出情况

单位：元

地区	1985 年		1995 年		2005 年		2010 年	
	收入	支出	收入	支出	收入	支出	收入	支出
全区	326	264	1037	1058	2509	2094	4675	4013
川区	419	320	1530	1395	3584	2712	6011	4914
山区	200	186	600	743	1687	1624	3416	3003
中南部 9 县（区）	234	207	701	834	1883	1756	3641	3202

资料来源：笔者根据《宁夏统计年鉴 2012》资料整理。

在宁夏南部地区，人口压力和经济贫困相互作用，互为因果，导致人口与环境的关系严重失衡。贫困人口主要分布在地域偏远、生态失衡、干旱缺水地区，那里生产生活条件恶劣。贫困造成南部山区"老光棍"（年龄在 30 岁以上的未婚男青年）现象十分普遍。贫困使很多家庭难以承担结婚成本，农村婚礼花费包括聘礼和嫁妆，主要由男方承担，在媒人的中介和传统礼仪名义下进行，男性家庭经济和个人经济水平低下，文化资本欠缺，是"老光棍"产生的原因。这一群体身体健康、智力健全，他们没有结婚的经济实力，为了叙述方便本书把他们称作"经济贫困未婚者"。经济状况是婚姻缔结的重要条件，在农村男性是婚姻成本的重要承担者，贫困影响了农村男性的婚姻。当地老百姓算了一笔账，在固原市农村特别是山区，保守计算结婚成本在 15 万元左右，其中女方彩礼 10 万元、布置家庭房屋 1 万元、金银首饰衣服等 2 万元、置办酒席 1 万元、其他 1 万元，而且女方没有陪嫁物品。根据当地经济发展水平，一般家庭能凑 3 万~4 万元，剩余的钱必须贷款或向亲戚朋友借。由于生活封闭，与外界接触少，很多年轻人变得少言寡语。"没本事、老实"是他们的自我定位。

我堂兄哥有三个儿子一个丫头，丫头发落（出嫁）了，我堂哥四年前死了，我嫂子和三个光棍儿子在一起住，老大 47 岁、老二 41

岁、老三35岁，那时候家人让丫头做"换头亲"① 给老大换个媳妇，丫头不愿意，自己瞅了个对象嫁出去了。村里有学校，但家里太困难，铅笔3分钱、本子1角5分钱也没钱买，老大、老二都没有念书，老三小学三年级。在老家老大种庄稼，老二、老三常到外地打工，挣点钱全花光了，没有存钱，说"存钱没处用，找不上女人"，我说"你先把钱存下，没钱就没人跟"。（村民WBS，泥瓦匠，访谈记录，村广场）

当地群众的"通婚圈"半径较小，多见于附近的村庄之间，女性通过婚姻改变生活轨迹的愿望强烈，山区的女性希望嫁到塬上，塬上的女性想嫁到川区，或许她们都希望能嫁到城里。因此，山区男性的婚配变得更加困难。

我们弟兄三人，还有一个姐姐，老大、老三成家了，老三是自己找的媳妇，花钱不多。我是老二，和父亲住在一起，32岁，母亲死了，小学二年级，以前别人介绍了几个对象都没成，有个是先天性心脏病、风湿病，我说不行，啥活计不能做，我还要供养老人。我想人长得丑不丑无所谓，要长得精神，啥都能做，其他的嫌弃咱太老实了、没本事，我们在山上住，山上的女子想嫁到塬上、城里，川里的更不可能来山里，现在刚搬来，先把家收拾一下，想出去打工。（移民LR，访谈记录，2013年7月25日）

---

① 叶长青主编的《彭阳史话》（宁夏人民出版社，2011）中指出：换头亲是指贫穷家庭儿女多，但娶不起媳妇，只好私下了解和自己家庭状况差不多的人家，托人去说亲，这家的女儿嫁给那家的儿子，那家的女儿嫁给这家的儿子，这是贫穷之家通过嫁闺女给儿子娶媳妇的最好办法。经媒人说合后，双方都同意互不要彩礼，只是将双方的新人所穿的衣服讲清，并约定同一天成婚、宴请客人，两家的儿子同时迎娶对方的女儿。这种情况在新中国成立前非常普遍，弊端是：一方面男女双方互不了解，没感情，婚后性格脾气不合的多，矛盾倍出；另一方面双方家庭互为亲戚，多为近亲结婚，生下的孩子智障、残疾的较多。

经济贫困未婚者一般与老人生活在一起,由于要照顾老人,无法外出务工,如果老人去世就剩下一个人,而已经娶妻生子的兄弟日子过得都困难,根本无暇顾及老人。此类母子家庭、父子家庭多得很,母亲或父亲六七十岁、儿子四五十岁。经济贫困未婚者全部是男性,女性是香饽饽不愁嫁,即使是寡妇都让人"抢走了"(嫁得快)。在普婚传统盛行的中国农村,结婚既是成年的社会标志,也是家族延续的使命(刘利鸽等,2014:52),在传统意识中结婚是个人的"私事",更是家庭的"公事"。从家庭结构看,他们属于核心家庭,未成年子女与父母居住,但实际上他们是异化的核心家庭,儿子早已超过了结婚的年龄,与父母、兄弟的沟通变得困难,性格扭曲,父母压力很大,造成家庭矛盾,甚至家庭暴力。

> 我们弟兄五个,四个光棍汉。老大1955年生,不正常,在隆德没搬迁,老二不正常,在隆德没搬迁,最惨的是老三,1963年生,考大学考了四年没考上,受刺激成了精神病,搬迁到永宁县和老五还有个老娘一起住,老五也快40了,一直没钱娶媳妇。我是老四,在莫安乡工作,我媳妇没工作,这些年照顾这个家,唉,咱还是没本事(哭了)。(乡镇干部LS,访谈记录,办公室)

在20世纪80年代,严格的户籍政策限制了人口流动,向上流动的渠道主要有三种:参军、当工人、上大学。连续高考的失利使人绝望,再加上封闭的生活环境,摧垮了人的精神。关于高考、户籍政策的利弊学界有很多论述,在此不再赘述,但是它们间接影响了我们分析的对象"老光棍"。如果说经济贫困未婚者是环境造成的,那么还有一些人在相同的环境中,通过自己的努力获得了一定的经济收益,能够承担结婚的成本,但还是找不到对象,称作"精神贫困未婚者"。笔者对隆德县山河乡崇安村的老邵(平常贩卖山货)进行了访谈。

> 老邵:"我们村有一个40多岁的人,念了初中,父母双亡,见

了女娃娃就脸红，养的羊多，攒了10万块钱，找不上媳妇，不抽烟不喝酒，平常衣服穿得很旧，别人说他没本事，女人跟上养活不了，最后招女婿（倒插门）到大武口的巢湖一个有三个孩子的寡妇。"

从20世纪90年代开始，为了促进经济发展，当地政府多次组织劳务输出，当地青年通过政府对接的方式转移到东南沿海城市务工。由于区域间经济差异大，劳务输出的女性青年返回的很少，长此以往造成宁夏南部山区男女失衡。一位老人回忆了宁夏第一次向福建进行劳务输出的动员现场，当时有人感慨说：

现在看起来好，实际上造祸着呢，现在看是挣了几个钱，以后呢就造成了祸。咱们隆德县和福建生活差距特别大，女娃娃出去就不会回来了。

男性外出流动具有"暂时性"，女性外出流动具有"永久性"，女性往往嫁到条件较好的沿海地区，造成当地农村可婚配女性比例下降，产生"新婚慌"。西方解释婚姻家庭的理论主要包括婚姻交换理论和婚姻市场理论，两种理论都是以经济理性选择假设为基础，前者认为人们的择偶遵循等价交换的原则，个人资源和特征会对婚姻行为产生影响，后者指出在婚姻市场上男女性别比例不协调，导致婚姻市场处于非均衡状态，造成结婚成本增长（Growder & Tolnay，2000；Gelissen，2004）。

第二节　政府嵌入乡村社会

项目制是国家主导的自上而下的财政转移支付分配方式，也是一种社会发展规划的管理模式，一种通过项目运作逻辑将中央政府、地方政府及乡村社会连接起来的新型治理机制（周飞舟，2012）。项目制既是对科层制的"扩张"，又是对市场分化效应的"收缩"。

"分税制"的实施,改变了中央与地方因"包干制"财税产生的不平衡,规范了中央和地方的财政关系。为了平衡地区发展、保障公共服务的供给,国家在进行一般性行政拨款的同时,选择项目制作为其解决"财事权不对等"问题的主要方式,各类专项资金通过专项项目的形式划拨到地方,支持地方的经济社会发展。通过"发包—打包—抓包"的运作机制,国家行政层级结构之外的财政资金自上而下流动,勾连着中央、地方和基层单位之间的权力、利益和创新关系(折晓叶、陈婴婴,2011)。从资源优化配置角度看,国家支持地方发展的各类专项建设项目,一方面是国家整体规划并与地方政府协商产生,另一方面是地方政府"竞争申报",国家择优支持产生,从而有助于国家公共财政资金的合理流动,特别是对一些少数民族地区、边疆地区、贫困地区的开发建设有"反哺"效应。从国家动员角度看,项目制突破了传统的科层制动员模式,以发展项目来支持地方经济社会建设(周黎安,2007),能有效调动地方政府的积极性。陈家建(2013)分析了成都市某区"三社互动"社会管理模式的动员过程,指出上级部门在项目运作中因"资金管理权的集中、人事安排权的灵活和动员程序的高效",更易做出成绩。项目建设作为一种管理的技术手段,通过"条条"贯彻中央保民生的理念,逐步削弱了地方在财政分权背景下的"块块主义"(渠敬东,2012)。其实,项目制并不只是中央采取的模式,地方政府也在模拟国家项目制的资金流动方式,既能够把握基层政府发展的方向,也能够调动基层政府的积极性。

一 生态建设项目

从宁夏固原市乘车到隆德县,穿过六盘山区隧道,"加强生态建设,防止水土流失"十二个白色大字立刻映入眼帘,它们是用钢筋混凝土浇筑而成,上面涂了一层白色颜料,镶嵌在半山腰,每个字的大小约为一千平方米,气势宏伟。这是国家生态建设的宣传标语,也是生态建设的目标,警示每一个人生态保护刻不容缓,这既是国家战略,也是经济社会发展的基石。

从20世纪60年代开始，西方社会出现环境恶化问题，致使环保运动此起彼伏，强烈要求政府采取有效措施，治理环境污染。1962年蕾切尔·卡森在《寂静的春天》中通过农药对环境的危害案例研究，直呼其为生态灾难；1972年德内拉·梅多斯的《增长的极限》对人类过分利用自然资源发出警告。与此同时，《人类环境宣言》呼吁保护地球；1987年世界环境与发展委员会提出"可持续发展"；1992年世界环境大会通过了《地球宪章》和《21世纪议程》，建立了人类活动对环境影响的规则。同时，随着绿色环保组织的出现，国际社会逐渐意识到资源是有限的，保护环境是不可或缺的，单纯的增长不等于发展。

实际上在国际社会保护环境的行动中，从来不缺少中国的声音，中国1978年9月成立的人和生物圈国家委员会，就与联合国教科文组织进行过相关研究，1985年中国加入了《世界文化和自然遗产保护公约》，1994年《中国21世纪议程》的出台是对1992年在巴西召开的联合国环境与发展大会的最好诠释。从1983年开始的国家"三西"建设在宁夏南部山区就提出"林草种植与解决温饱"相结合的思路，包括荒山绿化、天然草场改良、农田水利建设，同时在农村推广太阳能、风能、沼气池，兴办小水电项目等，尽可能满足老百姓的生活燃料需求，并提供口粮使老百姓停止铲草砍树，将自然环境的改善和群众生活水平的改善同时进行。然而，不可否认，20世纪的中国对环境问题的重视不够，在"发展才是硬道理"的话语体系中，经济增长是中国政府关注的核心议题，这种增长是以牺牲环境和巨大的资源消耗为代价的，换句话说，当时中国的环境处于恶化的趋势。

虽然中国政府与国际生态话语一直保持联系，但始终没有出台关于环境保护的总体性的政策。在主流话语体系中"现代化理论"一直占据上风，这一理论主导的"发展主义"获得了官方和民间绝大多数人的认同。然而20世纪90年代末期的两起环境问题事件，震惊了国人，也震惊了世界。

> 黄河在1997年连续断流226天,是历史上时间最长的一次,是首次在汛期断流,导致河道萎缩,生态环境质量下降。(《人民日报》,2000)
>
> 1998年夏季的长江洪水,松花江、嫩江泛滥告诫人们生态环境危机四伏,随时会带来新的灾难。(自然之友,2001)

中国采取的是典型的"政府直管型环境政策",环境治理主要依靠国家动员推动实施。黄河断流、长江等流域洪水泛滥以及京津地区沙尘暴肆虐,不但使中国遭受了巨大的经济损失,而且夺走了许多宝贵的生命,致使国家将环境问题提上了议事日程。1999年秋天中央政府提出退耕还林还草政策,通过陡坡耕地退耕还林还草,减少水土流失,改善生态环境;次年1月开始实施西部大开发战略,加强生态环境保护和建设是重点项目之一。根据中央部署,2000年宁夏中部干旱带和南部山区退耕还林还草的生态建设工程启动,之后的"固原工作会议"中提出了"生态优先、草畜为主、特色种植、产业开发"的发展思路。从2003年5月开始全区封山禁牧,涉及20个县(市、区)和自治区农垦局的152个乡(镇、场)1461个行政村32.32万户153.02万人。截至2010年底国家累计拨付给宁夏退耕还林还草资金62.63亿元,退耕农户补助55.77亿元,人均3645元,完成退耕护岸林1272万亩,治理水土流失2.01万平方千米,每年减少黄河泥沙4000万吨,森林覆盖率达到11.4%,虽然说退耕还林还草工程不是单独的扶贫项目,但是制定的补偿标准远高于耕地的产出水平,带有一定的扶贫性质,实际上是一项"生态赎买"政策。以退耕还林还草为主的生态环境保护政策实施后,出现了两个方面的问题。

第一个问题是农民群众依靠的生计模式受到严重影响。首先,在农业合作社时期地里不用化肥,粮食产量较低,从农村家庭联产承包责任制开始实施到20世纪90年代,老百姓在地里既使用农家肥又使用化肥,庄稼长势好,几乎年年丰收。自2000年开始随着国家退耕还林还草工程的推进,农民赖以生存的土地收入有所减少。其次,伴随退耕还林还草工程实施的封山禁牧，不允许农民散养牲畜，从而使农民的牧业收入失去根基。在这项生态保护工程推进后，森林覆盖面积扩大，特别是六盘山区野生动物的栖息地更为理想，其繁衍速度加快，出现人退野生动物进的局面，有的甚至威胁农民群众的生命安全。许多农民不得不搬迁或者长期外出务工，留在乡村的极弱势群体依靠政府救济和退耕还林还草工程的微薄补贴勉以维持生计。笔者在隆德县山河乡调查时，边庄村书记 SSJ 说：

> 现在庄农（庄稼）不能种了，以前我种七八亩冬麦、六七亩蚕豆，现在地荒着呢，没办法种，尤其是近三年野猪等野物多，野猪嗅觉灵敏，白天菜籽种到院里，野猪晚上就像推土机一样吃了。想打工，周围没有活，距离城市远得很。

SSJ 书记可以说是改革开放以来，宁夏南部山区村庄发展变化的见证者，他从 1980 年开始在该村历任村会计、村主任、村支书，干了 30 多年。SSJ 书记的妻子在新疆摘棉花；女儿是个护士，出嫁了；女婿是个小包工头，在银川包工；一个儿子结婚后在外面打工，还有一个儿子在四川大学读书，学的是影视设计专业，费用很高，他表示贷款也要让娃娃学些知识。

原州区扶贫办的一位干部这样形容山区老百姓的生活：

> 国家封山禁牧以前，种地的收入很微薄，但还有点收入，在封山禁牧以后，地不让种了又不让散养羊，可以圈养，而圈养羊的饲料价格太高。

第二个问题是"以罚代管"的生态保护措施违背了政策设计的目的。在实施退耕还林还草政策以后，一些农民与草场管理机构开始了"猫鼠游戏"，森林草场管理机构主要通过罚款限制农民放牧。某些草场管理机构把"手段变成目的"，政府政策设计的目的是保护生态，反而被基层政策执行机构"曲解"利用,甚至有些地方过度使用权力,激化了农民与政府干部的关系,违背了生态环境保护原则。

二 生活扶贫项目

我国在进行生态项目建设的同时也进行着扶贫项目的运作。宁夏南部山区的扶贫项目包括两种类型:国家扶贫开发项目、国际援助扶贫项目。

(一)国家扶贫开发项目

项目制既要靠"事本主义"原则完成某个专项目标,又要在各地区树立典型,起到示范效应,以便贯彻国家政策(渠敬东,2012)。国家扶贫项目的输入是"发包"部委以专项资金的形式直接拨付给省、市,项目带有专门的目的性质,即集中解决贫困地区群众的生产、生活问题,具有"普惠"性质。

第一阶段是1982~1993年。国家"三西"建设中对宁夏西海固的农业建设,开了开发式扶贫的先河,是由国家农业委员会实施的专项扶贫项目,具有试点、示范的作用。为了配合国家项目,宁夏回族自治区政府制定了《宁夏西海固农业建设规划》和《尽快解决西海固农村贫困人口温饱问题的决定》等配套政策,加强农田基础设施建设。从1993年起国家从解决干旱问题入手,旨在从更深层次解决生态恶化问题,为了解决群众的生活用水问题,在条件允许的地方打水井,给每家每户打水窖以便收集雨水。同时,调整土地利用结构,建设水浇田、梯田、沟坝田,建设以控制水土流失为核心的小流域综合治理工程,打破地域边界、统一规划、统一分配,优化生态环境结构。从国家"三西"建设开始到1996年,宁夏南部山区西海固地区新建耕地467.5万亩,人均耕地从0.85亩增加到2.26亩,农民人均纯收入由126.6元增加到787.6元,贫困率从74.8%下降到30%。但是,从另一个角度看,林草生态建设对当地产业的回归发展还是一个挑战,也就是说可持续发展的路还很艰难。对宁夏西海固地区的扶贫开发实现了"基本解决温饱,初步改善面貌"的目标。

国家在"三西"建设的同时,1984年到2011年还开展了以工代赈的扶贫项目。根据《国家以工代赈管理办法》，这一项目旨在建设宁夏南部山区"七县两区"的基础设施：一是农田水利建设工程，建设了宁夏扶贫扬黄灌溉工程一期、陕甘宁盐环定扬黄工程、固原东山坡饮水、彭阳长城塬饮水、隆德桃山饮水等130多处水利工程，开发灌溉土地160万亩，缓解了环境的压力，建设了水库、水坝和淤地坝266座；二是人畜饮水工程，建成群众生活用水工程80多处，打水窖40万眼，解决了60万人和100多万头牲畜的饮水问题；三是农村基础设施建设，修建农村公路6068千米，建成农电线路1.53万千米，实现农村通电、通路、通广播目标；四是流域治理，通过退耕还林、沙化治理、水土流失治理、小流域综合治理等改善农村环境。

第二阶段是1994~2000年。为了落实1994年国家制定的《国家"八七"扶贫攻坚计划》，同年宁夏回族自治区政府出台了《宁夏"双百"扶贫攻坚计划》，决定对宁夏南部山区约100个贫困乡镇的100多万人口实施扶贫攻坚，使得宁夏在20世纪末在全国率先基本解决温饱问题。

第三阶段是2001~2010年。国家颁布了《中国农村扶贫开发纲要（2001—2010）》，宁夏回族自治区政府制定了《宁夏农村扶贫开发规划》等政策性文件，启动了"千村扶贫开发工程"并具体"打包"为"整村推进"、"产业扶贫"和"教育扶贫"三项措施，以"专款专用"的形式予以落实。据统计，2001年宁夏人均纯收入在1000元以下的有128.6万人，其中52.7万人未解决温饱问题，分布在宁夏中南部地区的11个县（区）148个乡镇1026个行政村。首先，整村推进，制定村级发展规划，做到以"户"为单位，落实项目、资金、措施，经过十年奋斗，实现村村通电、通路、通广播，有卫生室、小学，部分村通公交车，部分农户家有沼气、太阳能、铡草机等，部分农户实现危房改造等。其次，自治区在固原和盐池多次召开会议，落实产业扶贫。最后，教育扶贫，向宁夏南部山区没有考上高中或中专的孩子，提供减免学费的职业技术教育，使其掌握一技之长。此外，对百万农民进行技能培训和农村劳动力转移培训。

第四阶段是 2011~2020 年。国家制定了《中国农村扶贫开发纲要(2011—2020)》，2011 年 11 月国家相关部门召开农村工作会议，决定将农民人均纯收入 2300 元作为新的国家扶贫标准。随着社会发展，贫困标准逐渐提高，宁夏南部山区还有 100 多万贫困人口，特别是有 35 万人居住在环境恶劣、生态脆弱地区，于是自治区党委、政府决定实施移民搬迁。

此外，扶贫资金是国家解决贫困地区人们生产生活问题的专项资金，对解决宁夏南部山区贫困人口温饱问题、提升其自我发展能力具有巨大作用。1983~2011 年宁夏接受的各类扶贫资金有 78.78 亿元（见表 3-6）。

表 3-6　宁夏接受的各类扶贫资金统计

单位：亿元

资金性质	1983~2000 年	2001~2011 年	合计
财政扶贫资金	7.08	36.29	43.37
以工代赈资金	12.03	11.00	23.03
"三西"建设专项资金	6.66	5.72	12.38
合计	25.77	53.01	78.78

资料来源：董玲（2012：204）。

除了纵向的国家自上而下的扶贫之外，还有区域之间的横向对口扶贫项目。从 1996 年起国务院决定由东南沿海省市对口扶贫西部欠发达省区。福建省 8 市、区对口帮扶宁夏山区 8 个县、区，投入 42 亿元安置宁夏南部山区移民 30 万人，帮助各县种植经济作物、发展畜牧业。2002 年在国务院扶贫开发领导小组安排下，铁道部投入 876 万元、宋庆龄基金会捐款 190 万元、葛洲坝公司捐款 125 万元分别帮扶宁夏原州区（固原县）、彭阳县和西吉县。此外，还有社会帮扶、中央国家机关定点帮扶及宁夏区属机关单位定点帮扶。

（二）国际援助扶贫项目

宁夏扶贫开发工作得到了国际项目的援助，项目分为两类，即国际政府间项目、国际非政府组织项目（见表3-7）。这改变了单纯依靠国内资金的传统方式，既是国内开发资金与国际援助资金的合作，也是国内扶贫机构与国际组织的合作。

表3-7 宁夏扶贫开发建设所获国际援助统计

资金类别	资金来源	总资金	项目内容
中国西吉"2065"项目 （1982~1985）	世界粮食计划署投入9907万元，中国配套	1亿元	种树种草、退耕还林还草
中国北方灌溉项目 （1988~1994）	世界银行贷款3700万美元（折合人民币14000万元），中国配套	3.1亿元	农田水利工程、供电工程、移民搬迁、科技培训、银北灌区改造
中·加对应基金项目 （1991~1995）	加拿大援助1014.648万元，中国配套	0.22459亿元	妇幼服务、发展水浇地、机修农田、清真粉丝厂
WFP中国"4071"项目 （1994~1998）	援助粮食80749吨、资金14076452美元，中国配套	1.521亿元	水利配套建设、小流域综合治理、梯田建设、种草工程、扫盲与技术培训、人畜饮水工程、妇女创收与发展、扫盲培训、家庭加工养殖业
中国秦巴扶贫项目 （1998~2004）	世界银行贷款1800万美元（折合人民币14940万元），中国配套	2.988亿元	农村基础设施建设、土地与农户开发、养殖业、农业推广、农村企业发展

资料来源：董玲（2012：150~163）；吴海鹰等（2008：78）。

从国际扶贫项目的运作逻辑看，国际扶贫项目资金为了最大限度调动接受国家的积极性，常常需要接受国家给予一定的"配套资金"，项目的目的性很明确。从接受国家的视角看，国际扶贫项目资金可以整合、调动援助对象地方政府的财力，地方政府又能够借助国际项目实施本区发展规划。国际非政府组织项目援助从20世纪80年代开始，最早的是"世界文明会"，在宁夏累计投资4000万元，建立4个项目，包括草场建设、庭院经济、人畜饮水和草牧水开发，德国爱德基金会在盐池县投资近4000万元，共建了14个项目来改善贫困和改造环境。国际政府间援助涉及世界银行、世界粮食计划署、加拿大国际开发署等国际组织，共投入资金 8.3359 亿元，粮食 80749 吨。这些项目资金主要用于改善生活条件、自然环境，移民搬迁，加强基础教育等。

第三节　乡村社会发展难题

一　生产生活

政府通过"项目制"间接进入乡村社会，首先是国家部委通过"发包"机制将各类支农扶贫项目，以"专项资金"形式分配到各省区市地方政府。在政策设计上强调公共物品的"一事一议"原则，例如"三西"农业建设宁夏西海固项目和以工代赈项目几乎是同时实施的，但是由于项目主管部门不同，其运作逻辑也不一样，项目之间有很多重合的议题。可见，国家部委对地方的实际情况不可能完全了解，资金的使用也不可能落实到每一项上，地方政府对项目"打包"，加上地方发展的实际意图，以纠正条线发包的过度理性治理机制（折晓叶、陈婴婴，2011）。在特定的时期内，上级部门对乡村社会扶贫项目的输入并不是单一的，而是连续的。地方政府借此机会尽可能多地"跑项目"，使得前一个项目的遗留问题由后一个项目解决，换句话说，前一个项目的"果"，成为后一个项目的"因"，如此往复循环。同时，对于项目实施的社会效应，项目的发包方也难以做出具体的评估，只是看到一种总体概括的效应，对于项目的接受主体农民是否真正从扶贫项目中获得了长远的利益，在一个项目实施完成以后就不再予以探究。

地方政府扶贫项目实施过程中存在两个问题：一是简单的"一刀切"政策，难以适应宁夏南部山区不同地区的多样性特征；二是自上而下的政策设计，缺乏项目对象的协商参与，只是被动接受不能调动其积极性。参与式发展旨在强调以"参与"为本质，在发展中干预者不能独自决定发展过程和资源配置，而要将资源的部分支配权转让给目标群体，并且必须通过执行、监督、评价等系统化、规范化的实践过程，实现目标群体的有效"参与"。同时，在参与式扶贫中，在制度建设和机制创新等方面赋予贫困群体参与的权利，以增强扶贫资源对贫困群体自我发展能力影响的持久性，拓展贫困群体表达意见和需求的"话语"通道。然而，在扶贫实践中，涉及的因素纷繁复杂，有限的"参与"不能改变已有的社会结构安排和社会权力关系，"合作型反贫困理论"强调政府、社区、贫困群体在反贫困实践中的有效合作（林万龙等，2008），各行动者平等独立又必须相互配合，"贫困"被视为客体，行动者在有效的平台上完成反贫困的目标。地方政府与乡村社会的信息不对称，县、市政府获得的时常是被村干部或乡镇干部过滤后的有助于乡镇的信息，致使一些扶贫项目在一个地方效果明显，在另一个地方则变成了"失败工程"。

根据隆德县山河乡 LFX 副乡长的描述，近年来在政府的各类扶贫项目，特别是政府的"村村通"工程的支撑下，行政村之间的道路被修成水泥路，但是通向各个自然村的路大多没有改造，自然村相对分散，改造成本太高。在六盘山脚下天晴了看起来也是云山雾罩，像人间仙境。

> 在隆德老家，立春后 2~6 月干旱，吃水很难，立秋后 8~10 月雨涝，立冬大雪封山，国家前几年搞农业基础设施建设时，屋檐接水搞过，沼气池搞过，打生活水窖、压自来水都失败了，如旱季打生活水窖，雨季就滑坡坍塌了，自来水要上山，水压稍稍一小就上不去，国家还是花了不少钱。（隆德县温堡乡大麦村原书记、现 M 镇移民 LR，访谈记录，村民家）

实际上，与国家在隆德县扶贫过程中，由雨涝导致项目失败不同的是，在原州区，国家对当地群众的扶贫项目实施效果因干旱也不容乐观。原州区三营镇的一位老人说：

> 这些年政府的养牛、养羊等项目多,这里雨水少,山上草长不高,草料太贵买不起。这些年男人在外面打工,女人、老人在家种地,凑合着过呢。现在家里有在外面打工的人还可以,没有的话生活就不富裕。

此外,生活水窖工程在南部山区的同心县、西吉县等效果比较好,这些地方气候干燥、地质结构坚硬,在隆德县却不适合。

二 务工就业

劳务输出是宁夏回族自治区政府的扶贫项目之一,其特色是政府积极组织,建立了市、县、乡、村四级劳务输出组织体系,并形成了政策制度和培训体系。劳务输出有两种形式:一种是"离土不离乡"的流动,即脱离农业在当地所属市县务工;另一种是"离土又离乡"的流动,即离开居住地到发达地区甚至国外务工。1984年宁夏南部山区部分县组织男女青年赴温州、杭州、北京打工,并在当地建立了管理机构,开了政府劳务输出的先河,次年隆德县政府把劳务输出作为地方优先发展的产业来抓。1996年自治区政府出台《关于进一步加强劳务输出工作的决定》,致使地方政府的决策行为上升至省级政府的决策高度,这既是对地方政府劳务输出的肯定,也是对这种政策的升级,给地方政府官员注入了"强心剂",使劳务输出人员逐年增加。地方政府劳动部门在1991~1995年对从事第二产业的劳动者进行了培训,如电焊工、瓦工、钢筋工、混凝土工等。此后随着第三产业的发展,1996~2000年开始培训美容美发、保健、家电维修、保育等技能,2001~2005年向广东、福建等省份的劳动密集型企业(如电子企业)实施"订单式"培训(见表3-8)。为了配合劳务输出,宁夏山区市县在劳动输入地设立了办事处、联络处,提供用工信息,公安部门简化办证手续,行政公署人事处还制定了奖励政策。

表3-8 宁夏南部山区主要年份劳务输出人数及收入统计

单位：万人次，万元

年份	劳务输出人数	劳务输出收入
1985	4.00	—
1987	8.29	4366.3
1990	8.51	4982.2
1995	28.27	2362.8
2000	42.00	45108.0
2005	25.30	78918.0
2011	65.00	357500.0

资料来源：固原市地方志编审委员会（2009：290）；董玲（2012：82）。

宁夏回族自治区政府组织的劳务输出唤起了宁夏山区青年外出的"淘金梦"，他们带着美好的愿望离开养育自己的土地。农民离开土地从事非农活动，彰显了现代社会的流动特点，也是整个社会结构发生变化的标志（郭于华，2011：157）。"生存伦理"使传统社会农民固定于乡土，不愿冒险增加平均收益（斯科特，2001）。在"乡土中国"社会，"乡"是生存的依托、联系的纽带，"土"是谋生的手段（费孝通，1998），二者是一体的。

改革开放以来，虽然中央政府和自治区政府投入大量的人力、物力实施扶贫开发，2010年宁夏贫困地区农民人均纯收入比1983年增加了27倍，贫困发生率从74.8%降低到3.9%，扶贫工作取得了巨大成就，但是按照国家新贫困线标准，宁夏还有101.5万贫困人口，占农业总人口的24%，其中有1/3的绝对贫困人口居住在自然条件恶劣、不适宜生存发展的中南部土石山区。贫困与环境之间的退化是相互影响、相互关联的，环境退化造成贫困，贫困使人类进一步向自然索取，形成恶性循环。良性运行的生态系统被破坏后，现代生产要素无法及时补足，人口增长带来的生存需求只能通过土地扩张得到满足，这使得生态破坏更加严重，土地随之更加贫瘠。"放羊—娶媳妇—生娃—放羊"的往复循环是宁夏南部山区群众生活的写照，出现这种局面有两个原因：一是随着经济社会的发展，贫困线的标准在逐步提高，相对贫困人口没有明显减少；二是绝对贫困人口居住在自然条件恶劣、不适宜生存发展的地区，那里生态脆弱，"输血式"扶贫只能解决生计问题，不能改变贫困面貌。为了彻底消除贫困，自治区政府规划从就地解决贫困转变为跳出贫困地区，移民搬迁是打破区域性贫困的有效方式。进入 21 世纪，宁夏回族自治区政府将以前实施的吊庄移民结合环境保护改称"生态移民"。首先是在 21 世纪最初十年实施了中部干旱带县内生态移民，将山区群众搬迁到川区，接着"十二五"时期开始进行 35 万人的大规模生态移民，主要是把南部山区群众搬迁到外市县条件较好地区。

第四节　小结

人口、贫困与环境三者之间互为因果关系。对于这三者之间的关系原理，依据不同的角度，形成了两种截然相反的理论观点：持悲观态度者认为，人口增加导致贫困，对大自然的过度索取使得环境恶化，反过来，贫困使得人口增加，目的是获得更多劳动力，但是人口素质下降、环境逐渐脆弱，脆弱的环境难以满足人口增加产生的需求，导致贫困；持乐观态度者认为，人口的增长可为经济发展提供更多的动力因素，促使经济较快发展，从而使人口素质提高，更加注重可持续发展，使生态环境得以改善。

在传统乡村，农民的居住格局比较单一，不同民族群众混合居住的村庄基本不存在。村庄两个以上的文化亚群体镶嵌居住模式较为普遍，他们在行政上隶属于一个村庄，但是形成了不同的"文化圈"，也就是说，村庄群众的政治经济生活与文化生活是分离的。此外，乡村经济结构十分简单，以自给自足的农耕型自然经济为主，兼搞养殖业或其他副业。在自然资源方面，传统乡村面临人口、贫困与环境的严峻挑战，多年来国家除投入了与一般贫困地区相同的人力、物力外，还开发了民族地区特殊的扶贫项目，而且国际社会也给予了积极的扶贫支持。项目包括两个方面：一是生态恢复建设项目，二是生存扶贫开发项目。这两个项目同时运行，通过改善群众的生产、生活条件助力生态恢复，同时生态环境项目的建设也有利于群众生活水平的提高。

从扶贫项目的实施来看，上级政府更多地把贫困群众视为一个"同质性"群体，实际上贫困群体之间有很大的差异性。即使在同一个贫困地区的村庄也不是一个自然的共同体社会，例如隆德县气候阴冷、多雨，原州区却是干旱少雨。在项目运作中，政府表现为一个"动态"的行动者，农民群体表现为"静态"的行动者，被动接受国家扶贫项目的输入与实施。如果群众的积极性是被"唤起"的而不是主动调动的，那么，项目对象就不能以主人翁的姿态参与项目工程的实施，无法将项目资源变成连接"政府与民众"的权利与义务的纽带。从实施扶贫项目的效果看，一定程度上促进了宁夏南部山区经济社会发展，群众的生活水平得到了一定程度的提高。政府的"输血式"扶贫项目不能彻底改变山区群众的贫困状况，这其中有"个体主义"的原因，也有"社会结构"的原因，政府决定实施跳出贫困地区策略，即生态移民搬迁。印度学者阿马蒂亚·森（2001：14）的权利贫困理论从饥荒与权利的关系视角，指出贫困、饥荒不仅仅是食物匮乏，而且是贫困者获取支配食物权利的失败，权利和分配的不平等导致饥荒的蔓延，"如果世界上有人正在遭受饥饿，是他们未能获得充分的食物权利，并非直接是食物供给问题"。阿马蒂亚·森（2001：45）认为消除饥荒首先应消除机会不平等，应在"生产机会、交易机会、国家赋予的权利及其他获得食物的方法"等环节给贫困者"赋权"，即赋予个人或群体权利。亚洲开发银行的"包容性增长"是"机会均等"基础上的经济增长，借鉴了阿马蒂亚·森的"赋权"理论，强调人人分享增长的成果。这一方面可保持经济高速有效增长，创造就业发展机会；另一方面可通过减少或消除机会不平等促进社会公平。

第四章 生态移民中：乡村社会与国家的博弈

第一节 政府实施生态移民规划

一 搬迁规划

（一）"十二五"生态移民起航

在2011年11月28日召开的联合国气候变化大会上，德班国际会议中心播放的纪录片《西部报道：中国绿色大使宁夏科考纪实》，介绍了中国解决贫困问题的经验和生态移民行动案例，引起了国际社会的广泛关注，各大媒体纷纷报道、转载、热议。莱索托森林保护局官员莫绍绍说："非洲因气候变化，草场正在消失，宁夏生态移民的做法，或许是非洲寻求的答案。"《联合国气候变化框架公约》秘书处执行秘书克里斯蒂安娜·菲格雷斯（Christiana Figueres）指出："解决气候变化问题是一个渐进的过程，各国政府在德班迈出的步伐，使得各国相互合作，拓宽目标，共同找到更缜密的办法。"

20世纪80年代以来宁夏移民搬迁从小规模的试点到大规模的行动，为解决干旱地区人们的生计问题和修复生态提供了可以借鉴的经验。宁夏模式变成了国家行动，正在走向世界。

一个地方的稳定和发展，首先在于安民，就是解决老百姓最现实、最迫切的问题。在充分了解当地经济社会发展水平、自然资源以及老百姓生产生活状况的基础上，自治区党委、政府做出了重要抉择——将"山区的穷根彻底拔掉"。2010年10月自治区党委常委会提出，从2011年开始用10年时间解决中南部地区34.6万人口的贫困问题，前5年搬迁到条件较好地区居住，后5年发展致富。至此，拉开了宁夏新一轮移民搬迁的帷幕，无论在规模上、时间上，还是在资金投入上，都是空前的。不久，自治区政府召开会议，提出要把生态移民作为"一号民生工程"。

> 从根本上解决宁夏中南部地区贫困问题，政府先用5年时间将34.6万极差地区生活的贫困群众搬迁到条件较好地区居住，再用5年时间脱贫致富，迁出地恢复生态，实现区域人口、资源、环境协调发展。把宁夏建成国家生态移民扶贫开发示范区，确保2020年与全国同步实现小康。(《宁夏"十二五"中南部地区生态移民规划》)

根据政府的生态移民规划纲要，搬迁目的主要包括扶贫开发、环境保护、实现现代化；在行动者方面为政府主导、社会参与、老百姓接受。

（二）生态移民迁出区的确定

为了集中有限的资源，完成最重要的事情，"十二五"生态移民搬迁的迁出地分为三类。第一，极度贫困区。首先，当地群众的人均纯收入低于国家公布的贫困线，这些特困人口或相对集中居住或分散居住，虽然多年来政府一直进行农村基础设施建设，但也存在水泥硬化公路只能修到行政村，各个自然村无硬化公路的问题，基础设施建设成本过高；其次，在根据《宁夏农村扶贫开发规划（2001—2010）》的要求确定的"千村扶贫"和"整存推进"范围内扶贫重点村；最后，有些村庄因各种条件限制，低保对象比重高，需要通过搬迁彻底摆脱贫困。第二，生态保护区。六盘山区是黄河支流清水河、葫芦河和泾河的发源地，其中清水河贯穿宁夏南部山区，葫芦河、泾河流经宁夏，穿越甘肃部分地区，流入渭河。六盘山区周围群众搬迁，有助于对国家生态资源和水源涵养地的保护。第三，地震断裂带、山体滑坡区。为了避免受山体滑坡、地震等自然灾害的影响，将居住在地震断裂带上的群众迁移出去。

（三）生态移民迁入地的选择

生态移民搬迁要在"全区范围内，充分挖潜和利用现有国有、集体、企业及个人经营的各类耕地资源，同时根据水资源条件改造、开发耕地"，"安置到近水、沿路、靠城的区域"。生态移民搬迁大多数是整村推进，在土地资源集中、有利于灌溉的平坦地区，规模化建设安置区，具备相对完善的公共设施，如便利的交通，有利于移民群众外出务工、就医，孩子上学。"无土移民"安置，即楼房安置，选择在县城、中心城市、工业园区、产业基地建设移民区；有土安置包括"有土不见土"和"有土耕作"两种模式，原则上人均一亩地，每户住房面积54平方米，一座温棚或圈棚，而无土安置，每户住房面积40平方米左右。此外，对于回族群众宗教文化场所建设，一个移民村一般规划建设一处宗教场所，最多两处，但是对于汉族群众的祠堂、庙等没有建设用地的规划。同时，对于坟地的规定是，回族群众就近使用当地的坟地，汉族群众使用公墓，所有费用都按照当地要求执行。

二 搬迁动员

国内外学者研究中国政府间关系的文献非常多。其一，"蜂窝状结构"（Shue, 1988）和"M型结构"（Qian and Xu, 1993），前者认为各乡村是独立的单元，相互间联系较少，与上级政府联系较多，后者认为各地区是相对独立和功能完善的单元。其二，"中国特色的联邦主义"（Montinola et al., 1995: 48 - 81; Jin et al., 2005: 89），认为改革开放以来的"行政分权"和"财政分权"使地方政府拥有了较大的经济发展自主决策权，也是激励地方官员的重要因素。其实，无论是行政分权还是财政分权，都是体制内的上级政府对下级政府的授权。其三，"锦标赛体制"（Lazear & Rosen, 1981: 841 - 864; 周黎安, 2007; 周飞舟, 2009），指上级政府根据任务考核指标，对下级政府各部门的官员设置晋升竞赛，在一定时间内竞赛优胜者获得提拔。依据政治生态的激励范式，上级政府把任务分配给下级政府,并将"一票否决"与量化考核相结合,采用绩效排名和择优提拔的办法选择晋升官员。其四,"行政发包制"(周黎安,2008,2014;张静,2014),政府将工作任务层层分解,逐级发包给下级政府,直到负责执行的乡镇一级。其五,"压力型体制"(荣敬本等,1998;杨雪冬,2012),在中国科层制的体制结构中,权力的行政化和等级化向上集中,地方政府面临的垂直监督压力巨大,而受到的服务对象水平监督有限,并且后者不具有"政治效能",这样下级政府为了完成上级政府分配的各项指标,采取数量化分解的方式和物质化的评价体系实现赶超。上级政府把工作任务分解后转移到下级政府,设置相应的"目标管理责任制"(徐勇、黄辉祥,2002;张汝立,2003;王汉生、王一鸽,2009)以促进完成。

宁夏生态移民的动员过程分为四级:中央政府动员、自治区政府动员、基层政府动员〔即县(区)、乡(镇)政府动员〕和乡村社会动员(即村委会动员)。前三种属于政府内部动员,第四种属于乡村社会帮助政府动员。

(一)中央政府动员

2008年出台的《国务院关于进一步促进宁夏经济社会发展的若干意见》(国发〔2008〕29号)提出,要切实解决宁夏中南部地区的贫困问题,积极稳妥地组织移民搬迁。《中共中央、国务院关于深入实施西部大开发战略的若干意见》(中发〔2010〕11号)指出,要全力实施集中连片特殊困难地区扶贫开发攻坚工程。国家整体部署为,基本消除绝对贫困现象,稳步推进生态移民,适当提高中央补助标准,初步遏制西部生态环境恶化的趋势,到2015年消除人为因素造成的水土流失,合理开发和利用水资源,西部大开发初见成效,到21世纪中叶建成一个经济繁荣、社会和谐、山川秀美的西部。

笔者在自治区移民局调研时,ZYZ副局长说:

> 生态移民共计花费106亿元,国家拿出50亿元资金支持,其中

国家发改委拿出20亿元、财政部拿出30亿元，宁夏区财政筹措50亿元，老百姓自筹6亿元。

国家对宁夏生态移民的支持主要是项目支持，更确切地说是专项资金支持。获得这一项目并非一件容易的事情，ZYZ副局长告诉笔者：

> 陕西省、甘肃省申报的生态移民规划，国务院都没有同意，虽然宁夏南部山区经济社会发展比陕、甘的很多地方好一些，老百姓日子过得比云、贵、川的有些地区的也好。能得到这个项目是国家特别支持。

宁夏获得生态移民国家项目的支持，有其特殊性：一是生态移民主打两张牌，扶贫开发和生态环境修复相结合，退耕还林还草可改变气候条件，是双赢；二是革命老区积极争取国家支持；三是国家长期以来给予民族地区照顾和扶持政策。而且20多年来宁夏从未间断过移民搬迁，积累了一些经验，可以供其他地方借鉴。国家"十二五"规划纲要将宁夏沿黄经济区列入国家战略，宁夏沿黄经济区成为国家重点建设的主体功能区之一。这成为宁夏发展的新机遇，为生态移民的攻坚战创造了新的条件，生态移民中65%的群众将在沿黄经济区安家落户。

（二）自治区政府动员

"国家行政权力下沉路径"是国家治理的实体，"目标责任制"治理模式是具体的实践方式（李树燕，2012：253）。在生态移民搬迁中，自治区政府只是做顶层设计，为了高效完成这项工程，2011年2月18日宁夏成立了移民局，由国家发改委管理，专门负责生态移民的搬迁事宜。从结构设置上看，宁夏移民局整合了水利水电工程管理局、扶贫扬黄灌溉工程建设总指挥部等机构，并保留了后者的牌子，使移民工作能够前后衔接。在此之前移民搬迁是由国家发改委负责规划设计、由扶贫扬黄灌溉工程建设总指挥部负责移民搬迁、由水利水电工程管理局负责工程建设，同时扶贫办负责搬迁贫困移民群众的生产生活，还涉及国土厅、环保厅、交通厅等部门。移民局的成立可以集中权力协调解决生态移民的前期论证、规划方案制定、组织实施，给各市、县（区）下达任务，督促建成落实，并按时把资金划拨到地方。移民局下设办公室、综合规划处、计划财务处、工程建设处和移民管理处，各市、县（区）依照设立了相应的机构。从动员效果看，特殊的财权和人事权可以使得移民项目资金专款专用，并根据搬迁进度调整资金流动方式，与科层制相比，项目制动员强度更大、动员方式更加灵活。

自治区党委、政府召开市、县（区）主要领导参加的生态移民搬迁会议，介绍中央政府的支持情况，指出生态移民的意义、目的、资金来源、规划进度、迁出地和迁入地的落实等工作。在生态移民搬迁中各级党委（政府）之间实行"目标责任制"，签订《生态移民工作目标管理考核责任书》，由"一把手"牵头负责，对生态移民的搬迁时间，搬迁户数、人数等做出明确的规定，并对每项内容做出量化考核标准，市党委（政府）—县（区）党委（政府）—乡（镇）党委（政府）共同担责，逐级将生态移民的任务量化分解、落实完成。

在生态移民搬迁中自治区移民局与县（区）移民办形成了类似于"委托—代理"的关系，乡（镇）移民办相当于县（区）移民办的派出机构。委托方（自治区移民局）将生态移民的各项工作交与代理方（市、县移民办）完成，在科层制的压力型体制下，上下级政府移民机构被紧紧捆绑在一起，自治区移民局发布给生态移民各县（区）的规划任务包括搬迁户数和人数确定、资金安排、移民房屋建设、土地征收以及基础设施建设，并督促检查落实，要求代理方定期汇报，不定期召开联席会议。在这个过程中，代理方对于上级部门的各项规定极为重视，全力以赴应对。代理方（市、县移民办）面对双重的压力，在纵向上，它们接受委托方——自治区移民局的领导，是"条条关系"；在横向上，它们面临本级政府部门管辖，是"块块关系"，市、县移民办既要完成上级政府的移民任务，还要兼顾本级政府发展利益要求，如本地区的环境建设、招商引资、农业开发及其他基础设施建设等都需要资金，本级政府的财政资源是有限的，虽然生态移民是当前的"第一要务"，但毕竟不是唯一要务。

（三）基层政府动员

目前宁夏的生态移民主要是自上而下的方式，由自治区政府主导推行。虽然地方政府和基层政府在根本利益上是一致的，但在具体实践中，基层政府既是国家的"代理人"，也是基层发展的"当家人"，具有双重角色，表现出"经济人"特性，有相对独立的自身利益，在谋求基层区域经济社会的发展时，通常通过"变通"突破自治区政府政策约束，有时持观望态度等待政策变化（见表4-1）。马克斯·韦伯（2010a）认为在科层制的管理体制中，官僚制的特点是理性化、分工和专业化，前者排除人格化的因素，照章办事，通过等级制权威影响集体行为，后者关注部门利益、层级利益。现行的政府科层制考核体制，通过"行政发包"把移民搬迁任务设计成"项目制"，项目结果分为"显性政绩"和"隐性政绩"。移民搬迁被重视，是因为它是容易考核的"显性政绩"。相比较而言，基层官员在单位时间的任期内，在绩效目标主导下关注移民搬迁任务的完成，在晋升机制中是关乎地方官员"政治生命"的第一要务。但是生态移民不是基层政府的唯一任务，只是特殊时期的特殊任务，整个基层政府所治理的辖区内，还有经济增长的诉求。

表4-1　政府利益诉求的非同质性

	利益趋向	权力主体	代表利益群
自治区政府	单一性	政策制定者	全区整体利益
基层政府	双重性	政策执行者	全区整体利益、基层辖区利益

在"十二五"期间，固原市生态移民占全区规划生态移民总数的2/3以上，市里成立了由市委书记牵头的生态移民领导小组，在动员大会上各县（区）做了表态，签订了"目标责任书"。要求宣传部门制订"立体式"宣传计划，成立了由市、县（区）、乡（镇）、村（村民小组）人员参加的生态移民宣传队。动员过程传达给公众的信息是遵从国家的例行程

序、标准以及行为方式对他们今后的福利而言是非常重要的（米格代尔，2013：73）。

生态移民是"一号工程"，也是政治任务。对于移民搬迁，政府做出了特别的关怀，强调在搬迁过程中，要特别注意少数民族群众的风俗习惯。固原市隆德县一位主管生态移民的副县长说：

> 参加完自治区和市里的生态移民动员大会后，不久，县委书记、县长就召开全县乡镇书记、乡镇长、各局一把手、村干部及村民代表会议，首先介绍了自治区政府规划隆德县搬迁的户数、人数，接着宣布了我们县的规划方案，搬迁哪些地方，第一年搬迁哪里、第二年搬迁哪里、第三年……把自治区的34号文件、36号文件发到乡镇，包括老百姓手里，县移民办复印、造册。县长强调这次的移民许多居住在水源涵养地，一定要给老百姓讲清楚党的各项政策，做好搬迁的思想动员工作，虽然我们搞了多年的移民搬迁，有一些经验，可是这一次难度最大，该搬迁的都搬迁了，想走的早都走了，剩下的是绝对弱势群体。

在现行的中国五级政府体制中，其实县级政府应该说是最后一级完整建制的政府，虽然乡（镇）政府位于五级政府体制的末端，但严格来说它不是一级完整政府，乡（镇）政府没有人事权、财政权，法院、派出所等是县级政府的派出机构，只是办公地方在乡（镇）而已。实际上，乡（镇）是连接国家与社会的中间地带，具有承上启下的作用，工作量大、难度大。同时，基层政府官员是政策执行者，常常在国家领导者甚至上级官员视线之外，在决定国家或乡村能人的规则中具有关键作用。

> 对于不愿搬迁的老百姓只有做动员工作，县移民办做工作、乡镇政府做工作，搬走的同村村民做工作。不搬迁不能把人家的房子拆掉，把人抬走吧，老百姓说政府不能强制搬迁，强制搬迁老百姓还会

回来。

就说"你走吧,一个家单门独户的待着,狼都把你吃了,考虑你以后的前途,那里的发展前途对你一家以后好"。有的村搬了两年到三年,第一年搬了一部分,搬迁的人给没搬迁的人说,那里好着呢,吃水方便点,娃娃上学方便,等等。慢慢做工作必须让他们走,恢复生态不让有人。(隆德县移民办主任MXH,访谈记录,办公室)

做工作,实在不愿意先放下,若村里三分之二同意搬迁,不愿意的也必须搬迁,村子搬迁不完,几年后又是一个村子。(原州区移民办副主任MSH,访谈记录,办公室)

基层政府的搬迁动员策略除了正常宣传之外,还指出在规划搬迁区内的群众如果不愿意搬迁,后续的各项扶贫项目将不再给予。2014年,也就是宁夏"十二五"生态移民搬迁的第四年,为了顺利完成上级政府规定的搬迁任务,基层政府制定了放弃搬迁协议,其中规定"自愿放弃搬迁指标的群众,政府不再安排搬迁"等。在生态移民过程中,政府一方面要求老百姓搬迁,另一方面政策一点不松动。笔者在原州区中河乡调研生态移民搬迁情况时,刚进乡政府大门就看见公告栏张贴着一份搬迁通告,内容如下:

"十二五"移民规划区村民:

宁夏南部山区生态移民"十二五"规划搬迁工作已接近尾声,为了尽快完成移民搬迁任务,实现规划区村民"早搬迁、早发展、早致富"的目标,现将有关事宜通知如下:

一、凡在规划范围内村民,在本通告发布之日起20天内,携带本人户口本(户籍必须是截止到2009年12月31日)、家庭成员照片(每人4张)和计划生育相关证明到乡政府报名。

二、凡是不愿意搬迁的村民,自本通告发布之日起20天内到村委会签订《拒绝搬迁承诺书》，逾期将视为自动放弃移民搬迁指标。

三、截止到 2014 年 × 月 × 日，原州区移民办分配给我乡的各移民安置区指标剩余：×××。

中河乡人民政府
二〇一四年 × 月 × 日

原州区中河乡负责移民搬迁的干部 MJH（一年前从中学教师岗位考公务员到乡镇的年轻小伙子）认为，生态移民搬迁的进程与搬迁的难度呈正相关关系，政府移民搬迁工作的思路是先易后难，与此相对应，老百姓对迁入地的选择也是先选择条件相对好的地方。随着移民搬迁工作的推进，条件好的地方越来越少，但是移民搬迁的任务并不会终止，致使移民搬迁越来越难。在基层工作基本上没有周末，移民干部被要求 24 小时开手机，在工作日住在乡政府办公室是一件再平常不过的事情。移民搬迁的问题太多太琐碎，在"十二五"移民工作接近尾声的时候，基层政府正在做移民搬迁统计工作，各村村委会将放弃搬迁的群众名单上报乡（镇）政府，乡（镇）政府统计后上报县级政府，逐层上报，一直到自治区移民局，随后等待调整安排。

在田野调查中笔者发现，生态移民迁入地的条件没有迁出地优越是老百姓不愿意搬迁的主要原因。例如开城镇上青石村四组被政府规划搬迁到吴忠市的罗山脚下，从与县城的距离看，开城镇距离固原市不足 10 千米，而规划的移民安置区罗山移民安置点距离县城至少有 30 千米。其实，在 2000 年原州区政府申报搬迁计划时，设计将这些人搬迁到银川、吴忠、石嘴山等川区，但是迁入地基层政府基于各种考虑把移民安置点建在罗山脚下，致使搬迁无法进行。

（四）乡村社会动员

在基层社会的治理中，"责任—利益"的纽带勾连着乡（镇）对村庄的"控制"，可概括为"乡政与村治"（贺雪峰，2007）。乡（镇）采用"正式制度"与"非正式制度"的策略，依靠村领导集团"配合"完成任务或实现治理，徐勇等（2002）指出乡（镇）的做法是依靠党组织连接村支书或通过"目标责任书"连接村领导集团，从而"控制"村庄。由于行政制度在乡（镇）与村庄的断裂及村庄利益的相对独立，乡镇干部不得不通过"私人关系"动员村干部完成任务（孙立平、郭于华，2000；王汉生、王一鸽，2009）。村领导集体包括村党支部书记、村委会主任、村会计、村监督委员会主任及各委员，他们是农民眼中的"干部"，干部眼中的农民，他们生活在农村，处于生态移民工作的前沿阵地，直接面对老百姓，某种程度上是老百姓的主心骨，在动员、组织、服务生态移民时具有很强的权威性、号召力。

在调查中，移民 LR（隆德县温堡乡大麦村党支部原书记，现 M 镇原隆村村委会委员，是一位参与移民搬迁的老村干部）给笔者讲述了他参加生态移民动员大会的过程。2011 年初固原市召开的第一次生态移民动员大会，由市长主持，市委书记做了动员讲话，参加人有搬迁地区的乡镇干部、村干部、村民代表，此后是县委（政府）动员会，接下来乡镇开动员会、宣传会，村干部对老百姓也按照同样的口径宣传，并发了政府的相关文件。

> 镇上领导对我们村干部说脚掌得掉三层皮，要挨家挨户做工作。搬迁前我来过三次，第一次来看，这里是一片沙滩，我心里都凉了，别说老百姓了，心想来这里干啥呢，吃沙子呀，就不想来。回去就建议政府选群众代表来看，之后再宣传，单靠村干部移不出去老百姓。两个月后村里来了 50 多个人，看见移民房盖了一些，巷道是沙子，路硬化了，看起来有点（村庄）样子。第三次来看，移民房盖好了，心里比较踏实，老百姓中人口多地少的说能住，条件好的说不行。（上梁村党支部原书记，现武河村副书记，移民 CYD，访谈记录，村副书记家）

笔者第三次到 M 镇原隆村调查时，第五小组组长 WYQ（在迁出地原州区三营镇塘湾村当过9年村干部）说，生态移民搬迁原则上是自愿的，政府不能强制，但是某个村庄被纳入搬迁规划搬迁区，特别是若位于水源涵养区就必须搬迁，一般一个村庄可以安排搬迁到几个地方，选择去哪里由老百姓自己决定，在搬迁中整村没有异口同声说不搬迁。有的村庄为了配合乡（镇）进行移民搬迁，村干部常常是整村推进搬迁的最后一批。在田野调查中，隆德县山河乡副乡长LFX说："村干部只有搬迁工作快结束了才能搬迁，村干部还要协助乡政府搞好移民搬迁工作呢，若走了后面搬迁工作很难衔接。"在移民搬迁动员中，村干部也打一些心理战，原州区开城镇上青石村书记MY给笔者讲了她最近使用的一个动员办法，就说："今年是最后一年了，规划结束如果不搬迁以后就没有机会了。"

村领导集体虽然处于政府权力与体制结构之外，但是在现代社会政府权力向乡村社会下沉的过程中，村干部被赋予政府体制内的实权，成为连接政府与农民之间的"桥梁"，是政府不可缺少的"准行政"干部，村干部既是乡村社会的精英群体，也是政府部门的"接线员"。生态移民搬迁动员工作主要靠村干部落实完成，但是他们没有被纳入政府的体制内，基层政府官员只得通过奖励的办法鼓励村干部落实搬迁任务。

三　搬迁协议

根据规定移民群众在搬迁之前原则上都要与地方政府签订《宁夏回族自治区××县（区）生态移民搬迁协议书》（以下简称《搬迁协议》），目的有二：一是完善相应的法律程序文本，是政府与移民行使权利的依据；二是明确政府和移民各自的责任与义务。从《搬迁协议》的内容看，政府负责迁入地规划，移民房、土地等的协调与分配，户口办理等，并限制移民搬迁时间，切断迁出区村庄的水、电、路等。移民群众到迁入地后自动解除原来的土地承包合同，土地由当地政府种草、种树，以恢复生态，移民群众自行拆除原有房屋。

在《搬迁协议》中生态移民的安置方式分成两种：有土安置和无土

第四章 生态移民中：乡村社会与国家的博弈

安置。换句话说，有土安置移民在迁入地居住带有院落的平房，政府分配相应的土地；无土安置移民在迁入地居住楼房，政府不分配土地，以外出务工为主，故又称作"劳务移民"。在调查中发现，老百姓更愿意接受有土安置的生态移民。一位长期做移民工作的干部指出无土安置移民的搬迁难度最大，老百姓的农具（如铁锹、背篓、铲子等）没处放。进行有土安置还是无土安置，并不是移民群众自己决定的，政府规定两代人家庭只能是无土安置，三代人以上家庭才能享受有土安置，这就无形中增加了搬迁的难度。自治区党委、政府生态移民的相关政策规定，每户自筹建房资金 1.28 万元，有土安置移民房每户 54 平方米，无土安置移民周转楼房每户 50 平方米，无论何种移民房 10 年内不准出租、转让。政策还规定，原则上在迁入地户均一个院落、户均一个温棚或圈棚、人均一亩水浇地，即"三个一"工程。同时，对移民进行技能培训。

第二节 移民群众回应搬迁政策

一 搬迁权衡

乡村社会的主体是一个"异质性"很强的群体，他们的利益诉求有很大差异性，体现在不同民族的移民之间。第一，汉族移民群体的利益需求主要集中在生产、生活方面，在传统乡村农耕文化与现代城市工业文化碰撞时产生"抗拒"，一方面移民群众自觉或不自觉地保留以前的生活习惯，另一方面移民群众不得不面临城市生活节奏的冲击，包括消费结构、社会关系。第二，回族移民群体的利益需求除生产、生活方面之外，还有宗教文化方面的要求。宗教文化是回族群众精神文化的重要部分，既建构回族群众的世界观和人生观，又延伸在日常生活中，形成了文化特色。在山区，回族文化结构相对单一；在城市，回族文化遇到各方面的冲击，激起了回族文化捍卫者的"文化自觉"。

乡村社会主体的"异质性"导致利益诉求的差异性，居住在自然环境恶劣地区的群众对国家生态移民政策积极支持，搬迁的意愿性很强，成为"积极移民"；居住在水源涵养地区的群众由于资源相对丰富、环境条件较好，没有搬迁的意愿或搬迁意愿较小，基于国家生态保护或安全考虑而搬迁，成为"消极移民"。此外，还有一种坚守者。

（一）积极移民

1. 客观原因产生的积极移民

在原州区开城镇上青石村，政府承诺对移民实行"三个一"工程，政府的安置承诺深深印在老百姓的心中，全区各级政府在搬迁动员大会上是这么宣传的，村干部给老百姓也是这么解释的。户均一个院落解决居住问题，人均一亩水浇地解决温饱问题，户均一个温棚或圈棚解决短期发展问题，政府的承诺深深勾起老百姓的搬迁欲望，对利益的追求是人的本性。如果将政府对迁入地的美好宣传视为"精神动因"的话，那么当地恶劣的自然环境就是"物质动因"。

> 老家是阴湿地区，虽说靠天吃饭，但是天下不下雨都有收成，我们村子搬了30多户，还剩下40多户，他们不想搬迁，觉得老家挺好的。这几年雨下涝了，房屋倒塌，去年一家的房子塌了把个女娃娃砸死了，人们都害怕了，才想搬迁。（移民MYH，访谈记录，村民家）

民谣说"天旱三年骑得马、天涝三年拿得棍"，反映了宁夏南部山区靠天吃饭的特点。

> 我们整个行政村6个小组（自然村），900多人，214户，还剩下两个小组没搬迁，最早在1990年的时候政府组织向大武口搬迁，大家思想观念转变不过来没人去，只有13户去了，搬迁时村上在集体林里采的盖房木料，老百姓给装车，全力支持。1995年向青铜峡的渠口搬迁110户人，后来政府多次组织移民搬迁，老百姓就是不愿走，即便是没水吃也待着。现在是每个自然村整体搬迁，必须搬迁，

第四章 生态移民中：乡村社会与国家的博弈

大家也基本愿意。(隆德县温堡乡大麦村原书记，现原隆村村委会委员、移民 LR，访谈记录，村委会办公室)

无论是雨涝还是干旱都是异常的自然现象，其直接后果是资源的匮乏。农户寄希望于从政府行为获得资源互济，能够从富饶地区分一杯羹。

在田野调查中，原州区开城镇上青石村党支部原书记，现原隆村副书记、村互助资金理事会理事长 HGB 给笔者简述了第一次搬迁时的场景。2012 年 5 月 29 日来自固原市原州区上青石村的移民群众落户 M 镇原隆村，这也是"十二五"生态移民中搬迁到银川市的第一批群众，银川市移民办、扶贫办以及永宁县的领导早已等待在原隆村的广场上，市里组织了秧歌队欢迎，500 多名武警官兵帮助移民卸载东西，场面甚是隆重。第二天早上，原隆村谢书记召开会议，要求群众按照分组排队，谢书记让一位 50 多岁的老汉站好，要求大家把队排得齐齐的，改掉山里的那些习惯。这个老汉就是 HGB，是这次搬迁的移民群众之一，在大山里自由生活惯的 HGB 初次搬迁到一个陌生的地方，心情十分复杂，恰逢这时另一名村干部说几十岁了能搬来都不错了，就别再要求太多了，才稍稍平衡了点 HGB 复杂的心理。

搬迁过程中有很多意想不到的事情。2013 年农历十一月初六，原州区张易镇和中河乡 202 户迁往永宁县 M 镇群众的抓阄分房在区政府如期进行，早已赶来的移民群众围满大院。派出所民警维持秩序，区纪委、移民代表、村干部代表监督，区宣传部摄像录音，移民自己也摄像。永宁县领导宣读了抓阄规则，安置房院落有两类：六分地院落 21 户，其中张易镇 10 户、中河乡 11 户；四分地院落 181 户。群众顿时炸开了锅。原州区移民办干部多次喊话请大家安静，并解释了院落大小不一的原因。接着，移民干部向移民展示了已经编号的房号卡：上面印着房号、葡萄地号，加盖了永宁县发展改革和工业信息化局的公章。然后，将房号卡装在信封里，搅混放在桌子上，按照移民交自筹款的先后顺序抽房号卡，并且当场登记按手印。

生态移民迁入地不但院落大小不一，而且各分区也有差异，迁出地基层政府移民办干部只能将不同大小的院落和不同区域的安置点相互搭配，分给各村庄。

在搬迁规划初期，永宁县委、政府决定在 M 镇搬迁的移民数量少，移民房院落设计得较大，后来政策调整增加移民数量，政策在变化而土地面积不会增加，结果只能压缩移民房院落面积，导致移民房院落大小不一。政府只能在每次搬迁的移民中搭配大小不同的院落，并抓阄决定其归谁所有。

2. 主观期望产生的积极移民

社会信任普遍存在于人们的日常生活和社会关系之中。在《货币哲学》一书中席美尔（2009）指出，社会中最重要的综合力量就是信任，缺乏信任社会就变成一盘散沙。杜尔干（1999）认为最基本的信任来自亲缘关系，这与马克斯·韦伯提出的以血缘性社区为基础的特殊信任和以共同体社区为基础的一般信任如出一辙。卢曼（2013）指出信任与社会结构、制度变迁存在互动关系，换句话说，社会信任已经嵌入由制度、结构构建的社会政治、经济和文化网络链条内。在现代社会，信任从个体关系领域向专家系统、制度系统、法律系统等公共领域扩展。在生态移民搬迁之前，绝大多数农户没到迁入地看看他们未来家园的具体状况。访谈资料显示，有两个原因：一是路途遥远，车费、住宿费、生活费是一笔不小的开支，甚至有些农户根本不清楚安置点具体的位置，只是知道大概在某县某镇；二是农户的模仿效应，他们认可同乡的轨迹，也相信国家不会把他们搬迁到条件更加恶劣的地方。

> 我是原州区张易镇西马场村人，在老家平常贩卖牛羊，今年 52 岁，有五个孩子，其中四个女儿出嫁了，只剩一个儿子 23 岁了还未结婚，儿子农校毕业后在他姐夫的种子公司上班，每月挣 2000 块钱。我先报名去红寺堡区，后来说永宁县有搬迁名额，才找人转过来了，因为安置点都给一点点土地，这里离银川近，可能好些，在搬迁之前

> 我也没有来过，别人说好着呢，就来了。（移民 MYH，访谈记录，村民家）

> 我总觉得这里比老家前途广阔点，为了日子过好点，在老家是混肚子（混口饭吃），永远没前途，没想到这里还不如老家，多数人回去种地了，搬迁前没来过，听说这里比老家好点。（移民 SNR，访谈记录，垃圾堆放沟）

从上面移民群众的话语中可以看出，他们信任"熟人社会"中邻里、朋友的判断，信任的机制是人们在生活中习以为常的惯例（吉登斯，1998b）。与此同时，农户相信政府组织的搬迁应该是不会错的，这是多年来形成的自我心理暗示。农户之间也相互模仿，在他们的逻辑中如果错了就大家都错了。科尔曼（2008）认为在正常状态下，每个行动者能够控制自己的行动，但是在集合行动中，理性的行动者有目的地把自身行动的控制权转让给他人，目的在于获得最大限度的利益。虽然移民搬迁不是突发事件，但也是翻天覆地的变化，对于农民群众而言也是突然的，塔尔德（Tarde）在《模仿律》中用"模仿"解释了集合行为。

（二）消极移民

笔者在 M 镇调查时，一位正在盖房子的大胡子老汉停下了手中的活说：

> 搬迁前我们吃水没问题，交通没问题，土地平坦，拖拉机任意进出，附近还有旅游区六盘山区。现在搬到这里什么也没有，男女都在葡萄地里，中午休息两个小时，不能在家吃饭，一天挣 70 块钱。

在生态保护和扶贫开发的现代话语中，居住在水源涵养地的群众被视为生态环境的破坏者，被贴上了"封闭、保守、落后"的标签。迁入地的资源不及迁出地。搬迁到 M 镇康福小区，现在是小区临时环卫女工的一位移民说：

> 老家在隆德县温堡乡后窑村，在六盘山脚下15里处，有清水河，政府还打了个水坝，我们就在水坝周围，政府担心六盘山滑坡把我们埋了，听说解放前有些地方山体滑坡过，但这里几十年再也没有，国家对老百姓好着呢，看到了危险，但我们并不想搬到这里来。

此外，还有部分消极移民是被动合并户口的群众。他们所在的村庄被规划为整村搬迁，并且几乎所有家庭都搬迁完了，自己的户籍不符合政府规定，只能合并户口搬迁。笔者到M镇调查时，一位正在忙着盖房的移民道出了自己的苦衷：

> 我今年50多岁，从固原三营镇搬迁，有五个孩子，一个儿子四个女儿，两个女儿出嫁了，另外两个女儿还在念书，一个小学一个初中，儿子前年结婚，给我生了个孙子。现在是四代九口人：我们夫妻、父母、儿子儿媳、孙子、两个没成家的女儿。以前在老家，我和老人户口是分开的，要合并到一起，不然不让搬迁，政府说不符合政策没办法，我们也不想合并户口，不然可以多分一套院子，起码老人有住的地方。

（三）坚守者

在生态移民搬迁中有两类人始终不愿搬迁。第一类是文化亚群体（宗教派别或门宦），文化差异致使他们不愿意搬迁和别的群体一起居住，当某个群体人口较少时更是如此。第二类人居住在六盘山水源涵养地附近或者地震断裂带，这些地方地势平坦，自然资源丰富，交通相对便利。隆德县移民办干部LXR告诉笔者：

> 不愿意搬迁原因，一是村里人都搬走了，有些平整的土地可以种；二是在生态恢复区，植被好，可以养很多羊，收入高；三是教派不同。总之，能找出许多不走的理由，说家里有人残疾，有人有病，

搬迁后生活不了。县、乡（镇）政府没办法，不能强行搬迁。

在搬迁过程中，有些地区存在政府规划搬迁，而老百姓不愿意搬迁的情况，还有些地区没有被纳入搬迁的范围，可是老百姓有强烈的搬迁意愿。2013年底自治区政府做出政策调整，把不愿意搬迁的人调出去，把愿意搬迁的人调进来，在生态恢复区、水源涵养区居住的老百姓必须搬迁，原则上主张自愿搬迁。2014年5月自治区移民局领导与固原市及各县移民干部在固原市召开移民搬迁协调会，自治区移民局领导表态说：

> 明明知道老百姓现在居住的地方比迁入地好，不要强迫老百姓搬迁或签订放弃搬迁协议，先放下，等到有好的地方再搬。

对于村庄中的坚守者，基层政府通常采用各种策略。一方面给予适当的优惠政策，例如免去自筹搬迁费、在附近非移民搬迁村庄结合扶贫危房改造项目插花安置。有时政府尽可能将属于相同文化亚群体的群众搬迁到一个移民村，实际上相同文化群体原来在不同地区生活，他们的日常生活习惯也有差异，若搬迁在一起居住，要和谐相处也不是一件容易的事情。另一方面对于一些特殊群众，特别是居住在水源涵养地的，政策上要求必须搬迁。

二 特殊移民

在生态移民整村搬迁进程中有两类特殊群体被遗留下来。第一类通常是父子之间、兄弟之间早已分家，但是没有在政府规定的分户界定日期（2009年12月31日）前分户，仍然被视为一户，他们家庭人口众多，无法搬迁到外地居住生活。原州区移民办副主任MSH告诉笔者：

> 有的家庭儿子结婚了且早已经分家，户口在移民局户籍界定前没有分开，如果想搬迁必须合并户口，就造成十几口人三到五代，换句话说是几家合成一家，按道理应分配三套房子，但是其他人盯着呢，

动员与发展：生态移民中的国家与乡村社会

会说"这个家没分户给了院落，我户没分为啥不给"。

上级政府要求基层政府就地解决，基层政府一般是在就近村庄插花安置。

第二类群体是单人单户（简称"单人户"）①，他们不符合自治区政府移民搬迁政策，基层政府采用两种安置办法。一是投亲靠友安置法。原州区移民办副主任 MSH 给笔者讲了移民工作中一些特殊的单人户。

> 一个老父亲在 2009 年 4 月将户口与子女分开了，搬迁时要一个院落，不分配就吵闹，他说没地方去要政府养活，可是进养老院不合乎条件，因为有子女，单人成户不成家。
>
> 有个教师三个娃娃考上大学了（转为城镇户口），妻子是农村户口，搬迁想要一套院落，不能给。
>
> 有一家早得知政府移民搬迁，（在分户界定日期前）全家每人一个户口本，6 岁的娃娃都有，派出所也没办法，国家没有不分户口的政策，最后让合户口了，不合不让搬迁。

《搬迁协议》规定了不允许搬迁的四类人口：超计划生育户、单人户、户籍中人口为 60 岁以上老人的户、当年未买养老保险和医疗保险的户。生态移民搬迁的思路是尽可能多地把老百姓从山区搬迁出来，但是移民搬迁是一项复杂工程，每个村庄、每个家庭都有特殊性。从制度上说单人户搬迁是合理的，但相对于一户人口多的家庭来说，是国家财产的不合理支配，因为搬迁一户国家投入约 15 万元资金，目前自治区政府的政策是给予投亲靠友的单人户 2 万元补偿金，让其自谋生路。

二是集中供养的搬迁安置法。集中供养分为两种情况，一种是搬迁前

---

① 所谓"单人单户"是指：户籍上农业户口只有一人，实际家庭生活的人口不一定一个，有的家庭孩子上大学户籍转成城市户口，有的夫妻一方是城市户口，还有的是户籍界定日期（2009 年 12 月 31 日）以后结婚，生了小孩，等等。

的公租房，另一种是搬迁后的集中供养安置点。前者分布在较大的行政村，后者是全县一个集中供养点，两者相同的地方是都是由学校改造而成，供养的对象都是单身汉，以男性为主。

（一）"公租房"供养模式

隆德县山河乡边庄村的公租房是一排平房，是以前村中小学改造的。村里负责通电、供水，所有费用由镇上民政所承担，通过村委会发放。该村书记说：

> 我们村的老光棍年龄都在40岁以上，从来没有结过婚，基本由村子上养活着，住在村子的公租房里，也就是以前的学校，自己做饭吃。一共50多人，有的年轻人通过招亲等方式走了，也有死亡的人，现在剩下18个人。这些人没有结婚的原因很多，主要是地方困难，家里困难，人老实，外面女子不愿来，庄子上互相之间结亲，女少男多。

隆德县沙塘镇锦屏村一组ZWY老人的生活经历，折射出一种未婚男性的生活轨迹。ZWY生于1947年，小学四年级文化水平，一直和弟弟及侄儿一家在一起生活，虽然自己居住的村子还没有搬迁，但是2014年夏季庄稼收割完后田地被侄儿以每亩50元的价格租给别人种了，并把自己的父母接到县上看孩子，致使ZWY老人没有地方居住，先在亲戚家待了几天，觉得不方便，就向政府申请安置，在2014年9月8日被提前安排入住到生态移民特殊人口集中供养安置点。他告诉笔者以前和弟弟一家过日子，经济是独立的，家里大矛盾没有、小矛盾不断，自己是个实诚的人，但是弟弟媳妇、侄儿媳妇总觉得不顺眼，说闲话，自己年龄大了很憋屈，侄儿在县城买楼房时自己给了4万元，侄儿不记情。

笔者："为啥没结婚？"
ZWY："父母去世得早，年轻的时候挑三拣四，想找个好的，耽搁了，农村过了30岁就找不上了，这是人的命，天注定的，享福就是享福的、受罪就是受罪的，这没有办法。走到70岁这个阶段回想起来就是命。"

笔者："30岁以后怎么没找个结过婚的？"

ZWY："过了30岁也有人介绍过寡妇，人家带上孩子，国家计划生育紧，咱心里想不行，有钱了好办，没钱了就是闹气。"

笔者："这些年你是咋过的？"

ZWY："常年在外面打工。"

笔者："想你侄儿他们吗？"

ZWY："不想，我住到这里一个月了，他们都没有来看过我生活情况咋样，住宿情况咋样，我在银川的妹妹在我住到这里第四天就来过。政府对我们比儿女强百倍。"

当笔者问他想找个啥样的女人时，老人抬头看看天笑了。女管理员的话或许道出了老人的心声，住的地方不好，别人介绍的对象不好，他想找个既能干又能持家，还长得漂亮的女人，很难。老人对侄儿、弟弟没有来看自己很伤心。

（二）"集中点"供养模式

在生态移民搬迁的过程中，许多村庄被全部清空，原来的"公租房"不复存在，为了恢复生态，整村清理，将不符合搬迁政策的特殊困难群众全部从规划区搬迁出来。2013年7月沙塘镇中学被撤销，原来的100多名中学生全部合并到县城第四中学。沙塘中学被改造成特殊人口移民集中安置点，占地59.6亩，有400多间房屋，分为单人间和夫妻双人间，床铺统一配备。设有移民办公室，临时党支部书记由沙塘镇副镇长LZW兼任，他也是集中安置点的主任，支部委员和工作人员各两名，同时警务室、医务室、文化活动室各一个。院内有一个菜园、一个温棚、一个饲养圈棚、一个家禽圈舍，能基本保证蔬菜和肉类自足，设清真餐厅和汉族餐厅各一个。

规划将全县 13 个乡镇的所有特殊人口全部安排在这里，到 2016 年安置 618 户（人），据统计全县单人户 687 户（人），投亲靠友的和自谋出路的由政府补助两万块钱，同时签订一份协议书就算安置了，剩余 300 多户（人），住在安置点的没有安置补助。2013~2014 年安排了 230 户（人），全部为单人户，每人一间房子（见表 4-2、表 4-3）。集中供养点每人每天 8 元生活标准（早餐 2 元、午餐 3 元、晚餐 3 元），全部由县政府通过民政局支出，60 岁以上的享受"五保"，其他的享受低保。这里不算敬老院，因为敬老院全部是老人，但又是采用敬老院的管理模式，年龄最小的是 24 岁，45 岁以下的占 1/3，平均年龄 56 岁，以光棍汉为主。如果居住人有病就让亲戚伺候，政府埋单，对于死去的人，一般是村里来人处理，政府出钱。在管理模式上较为灵活，如果有人结婚，安置点开介绍信，符合条件的申请廉租房，想搬出去的享受应有的政策待遇。年轻人想出去打工的可以请假，时间不限，请假的条件是出去以后安全问题自己负责。据集中供养安置点的 LZW 主任讲，以前他们给联系制作塑料花，让这些特殊人群有点收入，每天能挣十几块钱。这些老头眼睛不好，不愿意干，再加上一会抽烟、一会喝水，浪费时间，后来就放弃了。他们喜欢干简单的重体力活，例如给企业种植的药材打药、除草等，企业来车接，每天挣几十元自己花，不愿干的就回来了。

表 4-2　2013 年搬迁至沙塘镇集中安置点的单身移民情况统计

单位：人，岁

乡镇	行政村	人数	文化程度	婚否	民族	性别	年龄
	朱源村	1	小学	未婚	汉	男	71
	海子村	9	文盲 8、小学 1	未婚	汉	男	52~69
	闫庙村	2	文盲 1、初中 1	未婚	汉	男	66、55
奠安乡	张田村	1	文盲	未婚	汉	男	65
	马坪村	1	小学	未婚	汉	男	46
	旧街村	1	文盲	未婚	回	男	69
	杨川村	4	文盲	未婚	汉	男	56~66

续表

乡镇	行政村	人数	文化程度	婚否	民族	性别	年龄
山河乡	大慢坡村	2	小学	未婚	汉	男	49、52
	苏台村	2	文盲1、小学1	未婚	汉	男	50、45
	地湾村	1	小学	未婚	汉	男	52
	崇安村	2	小学	未婚	汉	男	51、50
	二滩村	4	文盲1、小学3	未婚	汉	男	48~55
	山河村	6	文盲5、高中1	未婚5、离异1	汉	男	41~71
	石牌村	3	文盲2、小学1	未婚	汉	男	54~57
	边庄村	1	小学	未婚	汉	男	42
	地湾村	1	文盲	未婚	汉	男	54
凤岭乡	上梁村	3	文盲2、小学1	未婚	汉	男	52、60、48
	卜岔村	4	小学3、初中1	未婚	汉	男	35~63
	魏沟村	2	文盲1、初中1	未婚	回	男	49、57
	新化村	1	小学	未婚	汉	男	59
温堡乡		1	文盲	未婚	汉	男	65
观庄乡	观庄村	2	文盲1、初中1	未婚	汉	男	51、51
	后庄村	1	文盲	未婚	汉	男	57
	大庄村	2	文盲1、小学1	未婚	汉	男	66、51
沙塘镇	锦华村	6	文盲4、小学2	未婚	汉	男	42~65
	十八里村	2	小学1、高中1	未婚	汉	男	43、24
城关镇	邓山村	2	文盲	未婚	回	男	52、46
	中粮村	1	文盲	未婚	汉	男	58
	阳洼村	1	文盲	未婚	回	男	52
神林乡	观音村	2	文盲	未婚	汉	男	63、64
	庞庄村	1	文盲	未婚	汉	男	61
联财镇	恒光村	2	文盲1、小学1	未婚	汉	男	38、35
陈靳乡	民联村	1	文盲	未婚	汉	男	51
	何魏村	1	文盲	未婚	回	男	40
	新和村	3	文盲2、小学1	未婚2、丧偶1	汉	男	76、43、48
张程乡	祁斌村	1	初中	丧偶	汉	男	50
合计		80					

资料来源：根据隆德县移民办调研资料整理。

在 2013 年 10 月搬迁至沙塘镇集中安置点的 80 个单身移民主要是汉族人，回族人仅 7 人。这些单身移民均为男性，并且仅有 1 人是离异、2 人是丧偶，其余全部是未婚。从文化程度看，文盲 50 人，占 62.5%，小学 23 人，初中 5 人，高中 2 人。

表 4-3　2014 年搬迁至沙塘镇集中安置点的农村五保户情况

单位：人

乡镇	人数	性别	健康状况	备注
沙塘镇	59	男 51、女 7	健康 58、精神病 1	
联财镇	44	男 36、女 8	健康 13、一般 10、常年有病 6、残疾 7、智障 6	2 人健康状况不详
奠安乡	13	男 11、女 2	健康 7、一般 6	
凤岭乡	5	男 4、女 1	一般	
神林乡	13	男	健康 1、良好 2、残疾 10	
城关镇	7	男	良好 3、一般 2、残疾 1	1 人健康状况不详
观庄乡	8	男		全部健康状况不详
陈靳乡	1	男	健康	
合计	150	男 132、女 18	健康 80、良好 5、一般 23、常年有病 6、精神病 1、残疾 18、智障 6	11 人健康状况不详

注：此次安置的 150 人中，仅有 5 人是回族人，来自城关镇峰台村四组，其余均为汉族人。
资料来源：根据隆德县移民办调研资料整理。

老家镇上的一些单身汉，有 40 岁左右的老光棍，也有 60 多岁的老人，不符合政府搬迁条件，是正常人，绝大多数是男人。弄在集中供养点上了，就是老家以前的学校，一人给一间，自己的家不能住了，其他的人搬迁走。（山河乡崇安村原副书记、移民 SFQ，访谈记录，村民家）

政府将年轻的单身汉、独居老人、智障等特殊群体暂时留在集中供养点，等待后续的发展政策。自治区政府给基层政府下达了搬迁任务，搬迁的原则也是"主要搬迁人，不是搬迁户"，这样有助于节约资源。

这里住的大多是没有结婚的，地方不好，生活紧张，老家种胡麻、豆子、洋芋等，我是蒗安乡海子村人，村上搬来的有五个人，去年9月来的。我今年60岁，没娶过媳妇，我们兄弟姐妹六个，三个姐姐全部去世了，母亲在我18岁时去世了，我一直和父亲、我大哥留下的后人过，父亲在我48岁时去世了，之后我就和侄子过了十二年，现在搬迁到这里，我大哥死得早，嫂子改嫁走了，留下了一个后人，有残疾（耳背、说话不清），搬到这里，我弟弟和他的儿子搬迁到永宁，我没有去过，弟弟来看过我三四次。我刚从医院回来，上个月睡到半夜不知咋了腿子胳膊疼得很，先给我们村庄上一起搬来的一个人打了电话，他在二楼住，下来把我扶起来，坐到天快亮，5点多给我外甥打了电话，他在隆德县防疫站工作，就把我拉到县医院住了20天。（光棍汉LH，访谈记录，集中供养点）

笔者在隆德县沙塘镇特殊人口集中安置点调查时，一位中年男子告诉笔者，同村人搬迁到太阳梁了，自己没攀上家（结婚），有胸膜炎、胃病，不敢吃肉。

笔者："想不想村上的人？"

男子："想，咋不想呢，现在住惯了，我二大大（叔叔）在太阳梁，一直盘算着去呢。"

打扫卫生的女管理员说：

现在国家好，把没人要的人都管着，在老家没人管，身体好、年轻的都打工去了，有的转亲戚去了，有几个老人在家里干惯了闲不住，爱种个菜。平常老人帮做饭大师傅择菜，今天有集市都出去转了，没人帮忙。

现代化首先是人的现代化,在移民集中供养安置点,将老人、年轻人、智障安排在一起似乎有点过于简单,这或许是还没有更好措施时的权宜之计吧。

第三节 移民群众与政府的博弈

一 移民群体愿望

(一)移民利用政策空隙

第一类是能力强者。他们早已离开了村子,在外面创业并且取得了一定的成绩,在城市有自己的产业,但是户籍还是在农村。在国家移民政策实施时,他们返回老家积极要求移民搬迁,交自筹款 12800 元获得国家的一套院落及相应的配套项目,这就相当于换取了国家十几万元资产。这些人无论是对于有土安置还是无土安置都很积极,他们是符合国家移民政策的,不能说是钻了移民政策的"空子",如果政府不给就解释不通,这些人在农村的房子不拆迁、土地不交,影响恢复生态。原州区移民办主任 HCY 说:

> 原州区三营镇塘湾村有一个女人在固原市西花园小区买了房子,自己做生意,户口在老家,在移民搬迁中找移民办、找政府,问"为啥不给院落?我的邻居在山上住着呢,早就搬迁了,我在村上有户口、有地、有房子"。

第二类是自作聪明者。这类人父子已经分户,政府搬迁的时候搬迁一户留下一户,几年以后把迁入地的院落、土地卖了返回老家,相当于白白获得了国家十几万元。例如三代三家户:爷爷老户、父亲老户、孙子新户,父亲因为有新户不符合搬迁政策,但是爷爷可以搬迁,爷爷在迁入地可住,也可以私底下将院落卖掉,返回迁出地的儿子家。两代人家若仅有一个儿子，两个户口都是老户，走一户留一户，重复上面的做法。还有部分人利用村庄群众没有搬迁完，不能整平村庄的机会，几年以后根据情况选择在迁入地生活，或者卖掉政府分配的移民房返回老家继续生活。

  开城镇黑茨沟村搬迁到 M 镇原隆村的 MZX、MQH，因为整个村庄没有搬迁完，政府不能断水、断电、断路，他们返回老家生活，在黑茨沟村与原隆村之间两头跑，政府没有下文推平已经搬迁户的房屋，村干部不敢做，再说推平房屋需要资金。（开城镇黑茨沟村书记 HZS，访谈记录，开城镇政府院内）

  原州区三营镇塘湾村搬迁后，本村住在三营镇的人用拖拉机整平耕种，今年雨水好，庄稼好得很，虽然政府说不让种地，但是还有人没搬迁，照样种地、养羊。供电局把没人的电断了，有的人家没搬迁，政府又安装了新电表。（移民 WYQ，访谈记录，村民家）

生态移民搬迁是基层政府的工作，也是上级政府分配的任务，人是"理性"动物，总是能够找到政府政策的漏洞。

第三类是巧用政府政策者。笔者在自治区移民局调查时，恰好碰见原州区移民办的两位干部办理移民搬迁调整对接手续，他们讲了几个户口拆分的案例。

案例1　合法不合理分户

有一家五口人，一个老人、夫妻俩和两个孩子，夫妻 2009 年 10 月办了离婚手续，持有离婚证，按照移民政策给两套院落，被老百姓举报了说假离婚，他们一直在一起生活着呢，结果给了一套院落，人家把县移民办主任和永宁县移民办干部起诉了，要求给两套院落，因户口符合政策，没地方去才在一起住呢。

案例2 合理不合政策分户

有一对夫妻2011年3月正式离婚了，户口也分了，移民搬迁时应该给两套院落。这个事原州区移民办向自治区移民局综合管理处反映了，自治区移民局不同意，因为他们是2009年12月31日户籍界定时间后离婚的。

（二）移民依理博弈

移民群众"相对剥夺感"的参照系数和"被剥夺感"的内容是多方面的，主要有三个方面的原因。第一，迁入地与迁出地生活的比较。"搬迁搬穷了"这是前两批搬迁到M镇大多数移民的共同心声。搬迁舍弃了原有部分财产，不可能将多年置办的所有东西带走。第二，移民生活与当地群众生活的比较。当地居民占据相对较好的资源，安置区被当地基层政府建在沙漠石岗上，半亩地大小的院子全是石头，与当地居民两亩大小的院子相比，既小又难以耕种。第三，迁入地不同地区移民生活的比较。由于各移民安置区条件的差异，移民的待遇也各不相同，例如同样是生态移民中无土安置的劳务移民，工业城市石嘴山市大武口区建造的移民房，两室一厅，各配一张床，房间铺设了地板、安装了太阳能、挂了窗帘，还有居委会的人照看，容易开展新生活。而M镇的移民安置房面积小，没有基础设施，由于移民搬迁没结束，没有交给当地政府管理，移民群众觉得是项目以内搬迁的，搬来两不管，迁出地不管、迁入地不管。这就使得M镇的移民产生了身份相同而处境差异的被剥夺感。

移民群众在"相对剥夺感"的内容上主要表现在四个方面。其一，土地问题。他们认为在迁出地虽然靠天吃饭，但是遇到雨水好年景，庄稼丰收一年，三年至五年的基本生活就有保障，同时可以饲养牲畜等以增加收入，搬迁后基本上所有的移民安置区都没有土地，农民失去维持生计的最后防线，部分安置区规划的温棚种植，既需要投入资金，也需要投入技术,是一种"隐形的革命"(黄宗智,2014)。其二,经济收入问题。政府规划的"非正规经济"旨在以移民群众的外出务工收入为支柱收入,而移民缺乏的"社会资本"和"文化资本"成为务工的瓶颈,只能通过重复简单的体力劳动增加收入,即使这样还面临劳动力剩余的"用工挤压",致使他们从农业向非农业转变,原有的牧马放羊技能"荒废"。其三,消费问题。市场经济对移民传统生活的冲击,致使他们感觉"挣钱容易,花钱快",在迁出地还能发挥余热的老人通过养羊、养鸡等方式实现自己的价值,而不被视为"闲物",但这也随着搬迁被剥夺了。其四,优惠待遇问题。在山区和川区政府的扶贫资金投入差异很大,在迁入地身份没有改变但是"最惠待遇"消失了,他们认为这种强烈的"被剥夺感"归因于政府的规划性变迁,他们失去了本来贫穷但安稳的生活。

自从实施移民搬迁以来,他们通过多种方式实现利益诉求,希望获得更多的优惠政策,例如提高互助资金贷款额度、政府协调企业接纳移民群众务工、增加文化活动场所、扩大最低生活保障人群规模等。

优惠政策是一种"公共物品",不管是否参与集体行动都不能被排除在外,在生态移民的集体行动中,移民更愿意"搭便车"。

黄宗智(2014)指出小农是"追求利益者"、"耕作者"和"维持生计的生产者"三位一体,很难分清楚其行为是哪一种。人们并不是在任何事上都追求效用最大化,而是大多数追求某种"满意"(March & Olsen,1989)。

二 基层政府心声

(一)基层政府对移民群众的心声

> 移民搬迁是政府为老百姓谋福利呢,搬迁每一户政府都投资十几万元,老百姓就是不理解,怎么说搬到川区总比在山沟里强吧,移民房虽说小,那只是一个立足的地方,是发展的根基。有的老百姓就是想占点便宜,绞尽脑汁在钻政府政策的空子。(隆德县山河乡副乡长

LXZ，访谈记录，规划搬迁村庄）

生态移民是一项复杂工程，为了做好移民安置工作，迁出地政府移民办在移民村设置了工作站，并安排干部负责协调移民工作，后来因工作难度太大不得不撤销。原州区移民办干部 MWS 说：

> 在一次移民搬迁时，到达移民村后，一个残疾女人的家人都在呢，却没人把这个残疾女人从大巴车上搀扶下来，没有办法只能移民干部抬到自己的车上，再送到她家里，还要抬到房子里去。抬的时候这个女人哎哟了几声，家人就不愿意。还有移民打架伤了，要移民干部送到医院看病，有妇女生娃娃也找移民干部送到医院里。

生态移民是政府主导的政策性移民，部分老百姓把对移民政策的不满转化为对基层移民干部的不满，产生某种"病态"行为。

（二）基层政府对移民政策的心声

笔者在隆德县调查时，隆德县移民办副主任 WYK 认为上级政府移民搬迁规划的最大弊端是"一刀切"政策，包括户籍界定日期、搬迁家庭结构、安置方式，并且政策的随意性强，有的政策规定前后矛盾。虽然这是根据问题进行的政策调整，但是给基层政府工作带来了困难，从侧面反映了移民搬迁的复杂性和问题的不可预知性。

迁出地负责移民工作的干部抱怨迁入地政府移民安置点建的地方不理想，不符合自治区政府规定，老百姓不愿意去，无形中增加了搬迁的难度，给迁出地政府按照计划完成移民搬迁任务设置了障碍。

机构领导的换届会对政策执行产生影响，新任机构领导常常有一套自己的政策议程，新任领导上任后会推行全新的政策（米格代尔，2013：89）。整个生态移民从规划到具体实施完成需要五六年时间，如果加上后续发展规划时间就会更长，这期间随着政府领导机构的调整，相应的政策就会改变，虽然不能直接说每届政府之间发展规划是"断裂"的，但是各届政府都会有政策的侧重点。可是，移民搬迁对于老百姓而言是一生中的大事，甚至可以改变一个家庭的命运。对生态移民搬迁进行抱怨的不只是迁出地政府干部，迁入地政府干部也有很多苦衷。一位多年搞移民工作的基层干部这样说：

> 移民是个好事情，配套设施没跟上，搬迁政策刚性，老百姓有意见。

在生态移民中，政府旨在使搬迁对象过上美好生活的行动，有时却遭到搬迁对象的抱怨、误解，"症结"在于没有形成互动机制。移民群众只能通过"非正式制度"实现利益诉求。移民群众已经多次到镇里、县里，甚至市里上访，反映问题。问题不是不解决，而是暂时还未找到妥善的解决办法，川区的空间有限、资源有限，短时间内搬迁过多的人口，必然造成各类问题。永宁县移民办的干部说：

> 搬迁几百户、一千户行呢，现在搬来几千户，M镇不能种粮食，只能种葡萄，规划户均3亩地，现落实7分地，全部流转了，县城这边一年淌3次水麦子就收了，M镇淌9次水都不见得收，沙石地不含水，一亩地淌一次水100块钱，淌9次水900块钱，种小麦收获才几百块钱，倒贴钱着呢。

M镇新建的移民安置村，土地是国有土地，出让给私人老板大约10年，当时签的是30年合同期，有的土地被开发了种葡萄、金果，还有生态林，有的土地没开发。在宁夏中南部地区进行生态移民规划后，永宁县政府又将土地征回来，土地征收后名义上又分给新搬迁的移民群众，实际上移民只有"概念"或"文本"中的土地，土地被政府以村委会名义全部流转。每搬迁一户移民政府投入近20万元，包括修路、供电、搭桥、买地、移民培训，每年还要给越冬取暖费。

三 搬迁政策调试

针对移民搬迁中产生的问题，自治区移民局在调研基础上重新规划调整。在前几年政府对农村发展区投入比较大，尤其是在宁夏南部山区改造住房、改造农田、建设水利设施。居住在这些地方的老百姓一般不愿意搬走，对于山大沟深的地方，投入多少资金也无法改造，只得纳入搬迁。各县、区摸底调查，重新规划，上报调整。此外，如果一个村庄有2/3的群众放弃搬迁，并签订了《拒绝搬迁承诺书》，村委会上报乡（镇）政府《整村放弃搬迁申请书》，同时各级政府逐级上报到自治区移民局，调整"十二五"移民规划，再把愿意搬迁而没有被纳入搬迁规划的村子列入搬迁范围，以保证搬迁户数、人数基本不变。

整村放弃搬迁申请书

乡（镇）人民政府：

  我村经逐户征求移民规划区群众搬迁意愿，共有　　组（户）人不愿搬迁，超过总数的2/3，自愿放弃"十二五"规划移民搬迁指标，移民户并向村委会签订承诺书。其中涉及　　组（户）人。

村委会（盖章）
年　月　日

宁夏移民局除了对搬迁对象进行调整外，对安置措施也进行了调整。2014年1月自治区党委、政府决定将移民局从发展改革委剥离出来，并入自治区扶贫办，并保留移民局的牌子，实行两块牌子一套班子。2014年2月自治区扶贫办（移民局）印发《宁夏扶贫开发工作惠农政策指南》，涉及三个方面的关键政策调整。第一，移民安置房产权调整办法。每户自筹建房资金1.28万元，有土安置移民平房每户54平方米，拥有产权，无土安置移民周转楼房每户50平方米，享有5年的廉租权，5年后可以低价购买，无论何种移民房 10 年内不准出租、转让，调整为移民房 5 年内不准出租、转让，有土安置移民房政策不变，无土安置移民缴清建房自筹款、核转户籍、拆除迁出区住房等，还可办理房屋产权，产权归个人所有。第二，宗教场所规划办法。将一个移民村原则上建设一处宗教场所，最多两处，调整为一个移民村原则上每个文化亚群体建设一处宗教场所，对于人口较少的信教群众政府鼓励合用宗教场所，建设资金多为自筹或通过企业、社会帮助。第三，移民人口众多家庭（称为"大户"）处理办法。新政策规定，"三代多人"居住困难家庭，特别是分家未分户，有三对以上夫妻，迁入县、区负责解决宅基地，由移民自建。

第四节　小结

扶贫中政府间的权力结构也在调整。一方面，监管权上移。从扶贫历程看，无论是确定扶贫单位，还是改变扶贫政策，都是国家应对农村贫困状况新变化的举措。在扶贫规划上实施国家统一行动机制，主要通过十年扶贫规划纲要和阶段性行动政策实现。通过项目制设定不同的扶贫项目，地方政府积极争取，中央政府定期监管项目进展和实施效果。项目制作为国家的一种治理方式，既要靠"事本主义"原则完成某个专项目标，又要在各地区树立典型，起到示范效应，以便贯彻国家政策目标。国家扶贫项目的输入是"发包"部委以专项资金的形式直接拨付给省、区、市，项目带有专门的目的性质，集中解决贫困地区群众的生产、生活问题，扶贫项目具有"普惠"性质。另一方面，行事权下延。扶贫项目实际操作由省、区、市地方政府执行，既能够保证地方政府因地制宜，也能够调动地方政府工作的积极性，县、乡镇基层政府具体负责确定扶贫村和贫困户。逆向推行原则上是上级政府掌握扶贫项目的审批管理权，同时地方政府依据中央相关扶贫文件精神协同合作，例如东部沿海地区帮扶中西部地区，闽宁合作就具有一定的典型性。

宁夏"十二五"生态移民跨两届政府，第一届自治区政府目标是

"搬得出、稳得住、能致富",国家提出"社会治理"后,第二届自治区政府就生态移民中出现的问题,结合宁夏生态移民工程的实践,在原有目标的基础上加上了"管得好",并且将"能致富"改为"逐步能致富",考虑到群众在迁入地有一个融入、适应、慢慢改变生活状况的过程,提醒生态移民的执行者不能操之过急。

生态移民搬迁对于农户的动员包括四个层次:中央政府动员、自治区政府动员、基层政府(县、乡镇政府)动员以及村委会动员。每个机构都有自身的工作中心。农户对于政府的移民政策有自己的解读,同时,各搬迁对象都有自己的利益诉求及行动逻辑。政府是移民搬迁的引导组织者,可是老百姓遇到的问题是多元的,面对新问题,自己解决不了怎么办,只有靠政府,而政府不可能逐个解决问题,只能总体规划,但是老百姓的问题在细枝末节上。打个比方,政府就是"家长",移民就是"孩子","孩子"在成长的过程中需要"家长"的引导,"孩子"过不好就要找"家长"。

第五章 生态移民后：国家与乡村社会的新秩序

第一节 乡村社会理性化

在生态移民的结构体系中，不同的主体在认识上取得共识时，有助于在行动目标上协调一致，其实这种共识是很难达成的。生态移民中自治区政府是公共利益的代表，重视长效的生态文明建设；移民群众主要是生态破坏地区的农民、牧民，他们既是生态破坏的直接受害者，也被视为生态的破坏者，他们更关心自身的生存诉求，希望搬迁后生活更加美好；基层政府（县、乡镇政府）也有自身的政绩诉求（见表5-1）。

表5-1 生态移民搬迁各行动者利益诉求

行动者	利益代表	注重的方面
自治区政府	公共权利	生态
移民群众	私人权利	生计
基层政府（县、乡镇政府）	公共权利	政绩

自治区政府、基层政府及移民群众三者之间的矛盾共存于生态搬迁项目。自治区政府旨在追求长远的整体社会价值，认为将群众"迁出"贫困落后的生态脆弱性地区就能够解决环境修复问题，将群众"迁入"符合城镇化要求的地区，转变生产、生活方式就能够解决发展致富问题。基

层政府的官员虽然也重视当地经济社会发展问题，也希望自治区政府组织的移民搬迁能够改变辖区群众的贫困面貌，但他们必须完成移民搬迁规划任务。民众更希望借此获得更多的经济利益。可见，各行动主体的内在矛盾使得移民群众的发展存在较多不确定性，或许可以归结为："移出"是一个政府项目，"发展"是另一个政府项目。

一 土地经济效益

从2004年国家第一次提出"土地流转"到2018年，中央连续十五年以"三农"为主体发布中央一号文件①，以加快农业现代化，改善乡村治理体制，释放农村经济活力。土地流转有助于发挥市场因素在资源配置中的主导作用，形成土地规模经营。《农村土地承包经营权流转管理办法》第二条规定："农村土地承包经营权流转应当在坚持农户家庭承包经营制度和稳定农村土地承包关系的基础上，遵循平等协商、依法、自愿、有偿的原则。"然而，在实践中，搬迁到川区的生态移民被分配的土地全部被流转，在整个过程中移民群众没有决定权，土地由村委会代替移民全部流转给企业，农民每年获得一定的流转经费。

2012年在第一批移民搬迁到M镇原隆村之前，移民村集体所属的1500亩土地流转给德隆公司种葡萄。企业每年给每户移民294元，政府补助210元，共计504元，被称作"321工程"：第一年政府补贴30%，第二年政府补贴20%，第三年政府补贴10%。政府补贴之外的钱企业出，三年后企业全部承担每户移民的土地流转资金。该村村主任MZX说：

> 以前土地流转合同30年，今年（2013年）拿来的合同书要签50年，我们村干部先讨论了一下，觉得不符合一般合同30年的政策，我没签字。（原隆村村委会委员、移民SHY，访谈记录，移民家）

---

① "中央一号文件"指中央每年发的第一份文件，在国家全年工作中具有纲领性和指导性的地位，也是全年需要重点解决的问题。

> 搞生态移民规划评审工作多年，老百姓最关心的一是地，地在哪儿，产权是谁的。二是水在哪儿，有的地方只能搞节水灌溉。（自治区移民局规划处副处长 HJL）

实际上，从市场效益看川区的土地比山区的价值高得多。自治区政府整体认为生态移民搬迁有助于恢复生态，同时最大限度改善山区群众的生活；川区基层政府认为接收山区农民，无疑是增加负担，在完成移民搬迁任务和减少本级政府的经济负担中，迁入地政府"理性"选择，在川区的水土等公共资源紧张时，移民群众分到的土地大多是砂石地，迁入地政府认为土地流转是为移民群众着想，砂石地不适合移民个体精耕细作，只有流转承包土地的公司可以规模化种植，政府会相应给予一定的补贴。而村干部认为，没有土地是导致移民群众不稳定的因素，老百姓没事干，出去打工的好点，没有人口打工的家庭生活比较困难。

"农民习惯种地，"在田野调查中，有位老大爷说，"一年误了农，十年不如人"。这句看似简单的话包含两层意思，一是说种地是农民的自觉行动，二是说地是农民的精神支柱，是农民生活的保障。虽然农村经济结构从以农业为主、以手工业为辅向以工业为主、以农业为辅的结构转变，但是农业仍然是一种必不可少的"副业"，即便是农业收入不足以维持家庭生计，但也是应对非农就业不确定性的"保险"，是农民的唯一退路。

我国《农村土地承包法》第十五条规定，发包方"尊重承包方的生产经营自主权，不得干涉承包方依法进行正常的生产经营活动"。农业现代化的过程中，政府总是希望通过项目引导农民致富，使其获得更大的经济效益，然而项目有时候是理想化的，在现实生活中不一定有效，致使政府好心办的事情，不能达到预期的目标，老百姓抱怨政府"瞎折腾"。实际上，老百姓是最现实的，虽然有追求短期利益的狭隘性，政府引导也应该是"协商式"的。基层政府官员是移民看待国家的一个窗口，规范和强化基层政府官员的权力操作，有助于加强移民对于国家的认同。

二 居住空间结构

生态搬迁不仅仅是简单的空间结构位移,也是新空间结构的构建,在这一过程中,不可能将迁出地的所有生产资料转移到迁入地。基层政府的安排部署,要求移民群众处理掉一切不能带走的物品,房屋拆除、牛羊卖掉、粮食或卖或带、鸡鸭宰杀送人、砖瓦石头扔掉、犁驴铁锨撂掉等,满怀喜悦奔向新生活。

> 我在原州区中河乡前年盖了几间新房,国家说有搬迁房,我以为好得很,老家的房子就撂了,木头卖了1500块钱,别的都没拆,瓦呀,砖呀,(离我们不远的)上圈村的人不搬迁全都拆走了。(移民WQN,访谈记录,村民家)

> 我从隆德观庄乡岭庄村来,搬迁时各家都留了房子没拆,准备秋天收粮食住,我们刚搬走半个月时间,房子就被推倒了,推倒房子的木料和砖瓦被别人捡走了。今年夏天回去收粮食,连住的地方都没有,只能搭帐篷。(移民LJX,访谈记录,村巷子)

搬迁时间催得紧,基层政府为了完成当年的搬迁任务,限期搬迁,要求必须11月入住。

> 政府赶得急,农历十一月初五交钱,初六抓房号,初七政府派的车装东西,初八就搬了,时间紧得很,一些东西没拉,房子没来得及拆迁,4000元卖了,唉,等于送人了。(移民LGZ,访谈记录,村民家)

自治区政府生态移民搬迁安置区的规划建设,是按照城市居民居住的结构建造相互嵌套的两个房间,而农村往往是各个房间分离,一方面农村家庭人口一般多于城市,适合长辈与晚辈之间分开居住的习惯,另一方面每个房间有各自的用途，例如客厅、库房等。政府移民搬迁的理论逻辑是从农业向非农业转移，实际上移民职业的转变是一个漫长的过程。

三 山川惠农福利

生态移民搬迁不仅是空间的位移，群众离开的是生活了几代人的故土，一位做移民研究的人说："搬迁开始都是个苦差事，搬迁到一个地方都要有个过程，故土难离，熟山熟土待习惯了。"政府规划建设的村庄十分整齐，房屋结构样式相同，每户安装太阳能热水器，巷子是水泥硬化路，村里建有幼儿园、小学、文化广场、小农贸市场及商铺。交通相当便利，逢每月阴历的"一、四、七"日可以到 M 镇赶集，那里是相对集中的中心集市，距离宁夏首府银川市四十分钟车程。在宁夏南部山区，人们居住得很分散，每户之间有几百米，甚至更远，老百姓过着自给自足的生活，粮食自己种、菜自己种、牛羊等牲畜自己养、鸡鸭等家禽自己喂，除牲畜外其他东西一般不卖也不买，孩子上学走好几里地，到镇里或县城看病就更远了。对于这种看似现代化的村庄，有的老百姓并不认同。

国务院 2001 年颁布的《关于基础教育改革与发展的决定》拉开了农村中小学布局结构调整的序幕，各地纷纷撤销中小学并入乡镇中心学校，虽然后来几年政府出台政策要求"撤点并校"要实事求是，避免盲目简单操作，但是在基层政府"一刀切"式的政策执行中，已经无济于事，撤销容易建设难。这项政策直接导致宁夏南部山区农村小学、教学点锐减，被以整合优势资源的名义合并到镇里，小孩上学要到十几里路远的镇上，"顶着星星去、披着月亮回"是上学生活的真实写照。搬迁后老百姓觉得最大的好处就是交通方便、小孩上学方便和看病容易。

除生活方式变迁外，随着从山区到川区的空间变化，政府相应的优惠待遇也消失了。从 2011 年秋季学期开始，国家在民族地区县、贫困县的农村学校试点免费午餐工程，目的是改善农村小学生的健康状况，这是落实国家中长期教育改革和发展规划的举措之一。宁夏是首批试点地区，涵盖中南部地区 9 个县（区）的 32 所小学，同时还将农村初级中学也纳入这项惠民工程。生态移民群众搬迁到川区后没有免费午餐，老百姓抱怨声很大。县教育部门的工作人员说：

> 国家的免费午餐工程在山区有在川区没有，搬迁后自然没有，因为同是在一个学校上学、住宿，若给山区移民孩子，不给川区孩子，这是当地政府没法做、不好解决的事情。

教育部门干部的解释是较为委婉的，事实上川区根本没有这项优惠待遇，搬迁到川区就要执行当地的政策。

根据宁夏生态移民政策的规定，生态移民搬迁后继续享受原籍的退耕还林还草等补助，在迁出地享受的最低生活保障、医疗救助、新农合补助、妇幼卫生"六免一救助"、养老保险等政策在迁入地不变（宁夏回族自治区人民政府，2012）。但是在具体实践中，各地做法并不一样，以最低生活保障为例，有的乡镇在搬迁时就取消了，自然到迁入地不能享受；有的县不管在迁出地情况如何，到迁入地重新调查分配。最根本的原因是山区低保户约占总人口的70%，而川区不足10%。永宁县的做法是重新核查，确定享受低保待遇的家庭，县民政局给各乡镇分配名额，乡镇派干部到村上与村干部共同调查，确定哪些人应该享受低保。从逻辑上看，这种做法比较合理，从不同地区搬迁来的移民群众经济条件有差异，也将在迁出地通过不合理方式享受低保待遇的人排除在外，但是这种利益结构的调整也产生了新的问题。

> 这里是二级贫困地区，低保仅有8%~9%，南部山区是三级贫困地区，国家给所有困难户低保，这里不行，覆盖面小，其实人还是那些人。川区与山区政策不一样。（M镇副镇长兼原隆村书记WZC，访谈记录，办公室）

农民家庭是一个生产与消费合二为一的单位，农民家庭的劳动报酬是全年收成的总和，而不是减除劳动工资之后的"利润"，农民一般是不计算日常生活投入的，即"边际报酬"低于"市场工资"（Chayanov，1986）。为了家庭生计可以投入众多零碎和强度不一的劳动，也会动用家庭辅助劳动力承担部分工作，这种劳动并不遵循"会计学"原则（黄宗智，2014：294~296）。在南部山区，农村老百姓过着自给自足的生活，粮食、蔬菜、家禽等基本都是自己使用，搬迁到川区后面临市场经济，"挣钱容易，花钱快"，直接与市场打交道，老百姓只是感受到了花钱容易，没想挣钱的问题。

> 我太爷是农民，我爷爷是农民，我大大是农民，我还是农民，我不了解农民谁了解呢？农民心里咋想的我一清二楚，这等于把农民搬成城市人了。虽说娃娃念书比较方便，但是也费钱，花费大。而且，这里周围没有种菜的人，菜价比银川城里还高，打工还要到银川城里去，工价也很低，老百姓的心情确实不好。（移民 RX，访谈记录，村巷子）

除了市场经济冲击移民的生活外，移民群众的社会交往还是以同村人、亲戚为主。这种状况与搬迁前基本相同，移民 MFS 认为和熟人一起外出还是好一点，大家相互有个照应：

> 去年我和同村搬迁来的几个年轻人在新疆摘棉花，今年在一个亲戚的砖厂打工，给水泥盖遮雨布时，把腰扭伤了，老板、厂长，还有个修理工雇了个车把我拉到医院里，拍片子、做按摩、买了个腹带，花了几百块钱，我说自己给，老板说在他那里干活，他就出了。

卡尔·波兰尼在《巨变：当代政治与经济的起源》中提出"嵌入"概念，认为人类的经济活动总是"嵌含"于社会之中，且无法从中"脱嵌"。卡尔·波兰尼指出，经济行为、经济模式常常根植于社会，受到社会结构、规则、行为的制约，强调经济活动的社会情境。"嵌入性指的是经济情境中决策的社会、文化、政治和认知的结构，它指出了行动者与其所处社会环境之间不可分割的联系。"（贝克尔特，2004）此后，马克·格兰诺维特借用并发展了"嵌入性"理论，格氏指出"嵌入"是个人在社会网络中的互相嵌入关系，"嵌入性"现象无论是在工业社会还是在前工业社会都存在，只是在不同的社会嵌入的水平和程度不同。经济行为嵌入的社会结构就是人们日常生活中的关系网络，经济行为实现的前提是社会关系网络中人们之间的信任。同时，格兰诺维特在《弱关系的优势》一文中区分了"强关系"和"弱关系"。

在中国农村受到交往空间的限制，民众在亲属之间维持着比较亲密的关系，即"强关系"，遇到危机时能够从亲属那里得到支持。随着移民搬迁，嵌入在民众个体行动者社会关系中的社会资本遭到人为的、大规模的"解组"，使民众个体行动者以一种非自然的方式需要各方面的帮助。移民的社会资本包括遗留在迁出地的社会资本、带入迁入地的社会资本以及在迁入地新建立的社会资本，搬迁到 M 镇的移民群众由于在迁入地的时间较短，新建立的社会资本还很脆弱，正如 MFS 所说，外出务工还是依靠亲戚帮助，更愿意和同村的人一起工作，大家可以相互照应。

四 城乡文化碰撞

德国社会学家席美尔在《货币哲学》中提出了"文化悲剧"理论，席美尔指出，客观文化是人们在历史进程中制造和生产出来的各种东西，包括哲学、艺术、科学、伦理等，主观文化或个体文化是个人制造、吸纳和控制客观文化的能力。席美尔（2009）认为在现代社会的发展中，个体文化制造和吸收客观文化的能力远远低于客观文化发展惯性的需要，从而产生文化悲剧。文化悲剧理论对于研究生态移民文化现象有一定的借鉴意义，移民群众在迁入地面对现代文化的冲击，既要保持自身传统文化的稳定，又不得不适应并建构新的文化，然而建构的文化要包括继承的原有文化的要素、迁入地的新文化元素以及面对新文化的理解而内化了的文化要素。在迁入地，回族移民面临新的丧葬文化的冲击。政府及宗教人士注重移民客观文化的发展，忽视了对移民个体文化的引导，致使个体文化滞后于客观文化的发展，甚至出现移民个体文化的缺失状态。

第二节 乡村社会的治理

一 互嵌式社区

马丁·N.麦格在《族群社会学》一书中研究了不同族群间的整合与分离现象，认为他们在日常生活的接触、分层及竞争过程中会产生三种族群发展方向：同化、不平等多元主义和平等多元主义。其中，第一种发展方向是"理想类型"（韦伯，2010a），第二种发展方向会导致族群之间的社会冲突，第三种发展方向会产生团体多元主义或政治自治。社会学家马戎教授在《民族社会学》中从国家的地理区域分布、地区的城乡分布及社区的居住分布三个方面分析了我国不同民族的居住格局与民族关系发展方向，指出不同民族居住在不同街区，对民族关系具有负面影响。两位学者关注的共同点是城市社区，他们的研究结论对于研究农村社区有一定的借鉴意义，但是农村社区的情形不同于城市社区，一般来讲农村社区的"同质性"强、"异质性"弱，而城市社区正好相反。

基层政府在乡村治理中面临上级政府和乡村社会的双重压力：一方面，上级政府要求基层社会稳定团结；另一方面，移民群众通过信访、集体行动等方式实现利益诉求。M镇原隆村规划建设了南、北两区，北区规划汉族居住，南区规划回族居住。在移民集体行动事件之后，第二批搬迁的部分汉族移民被插花安置在南区回族移民中间居住。从政府视角看，对辖区居民的治理要确保当地的稳定发展；从移民视角看，都是被管理的对象。政府规划的"互嵌式"居住模式增加了不同群体在日常生活中的接触频次，他们因信仰与习俗的不同而产生矛盾。

在生态移民搬迁实施中，政府为了削弱迁出区村庄的宗族势力、家族势力，在搬迁中一般都将某个村庄的居民插花安置在不同的移民安置区，但是常见的模式是单一民族居住。这种"互嵌式"移民社区模式的目的是加强移民相互了解，有助于团结。然而，大山深处的移民群众混合居住，在城市是看似简单的事情，在农村，对于双方心理都是一种挑战。

搬迁到M镇的移民群众原来分属于两个县几个乡镇十几个村子，在山区居住时，民族结构单一，居住分散，交往少，种地或赶集的时候相遇，也只是点头、微笑示意，现在混合居住，相互接触频繁。虽然说在空间上是一个新村，但是没有形成新的认同，也没有形成共同的价值取向。此外，当移民群众面临共同的利益诉求，又表现出相当的团结。例如他们认为彼此都是移民，都是宁南山区人，都是穷人，都过得不容易。基于这样的相互认同，一年多以后，移民之间闲聊的多了，在一起有时打牌、下棋，混合居住虽有矛盾，但不等于他们之间没有交往。

科塞（1989）在《社会冲突的功能》中认为社会结构因素决定社会冲突的正功能或负功能，群体内部冲突可以促使群体稳定，也可以导致分裂。群体外部冲突会导致三种情况：团结、集权和混乱。在冲突发生时，群体内部的认同性强则有助于团结，没有形成共识就可能产生专政，或因排除异议而出现混乱。互嵌式移民社区之间的社会冲突，呈现不完全与科塞理论相符合的状况：个体的不同民族移民间的冲突不能体现某个群体的团结，双方都认为是生活习惯的差异致使他们有排外的"情绪逻辑"，这种冲突是对"互嵌式"社区的不满，也就是个体移民用"情绪逻辑"代替了"代价逻辑"。但是，共同面对政府时，又将他们之间的冲突悬置，紧密团结在一起。可见，社会冲突类型不是独立变量，社会冲突最终是显示正功能，还是出现负功能，取决于冲突发生的社会结构条件。

二 生活的记忆

集体记忆的概念是莫里斯·哈布瓦赫首次提出的，在此之前有卢梭的

"集体性观念"、迪尔凯姆的"集体意识"和"集体欢腾"等与之相关的概念，但是哈布瓦赫认为记忆产生于集体，只有参与到具体的社会互动与交往中，人们才有可能产生回忆。换言之，是集体记忆架起了人们在欢腾时期和日常生活世界的桥梁，使单调的"常识世界"显示出强大的活力，使人们的情感迸发。20世纪80年代后，保罗·康纳顿（2000）指出一个群体通过各种仪式建构的共同记忆，并不仅是每一个群体成员的个人记忆相加的产物，更是一种社会记忆。阿斯曼教授在整合哈氏理论和康氏理论的基础上用"文化记忆"的概念进行升华，以文化体系为记忆的主体，是超越个人的，因为记忆不只停留在语言与文本中，还存在于各种文化载体当中，比如博物馆、纪念碑、文化遗迹以及公共节日和仪式等。通过这些载体，一个民族、一种文化才能将传统代代延续下来。

集体记忆是集体认同的前提。集体认同指的是自身独特的、与他人不同的特征。一个群体区别于另一个群体的特征大都是在历史中形成的，并通过诸多符号保留在人们的记忆中，构成一个群体集体意识的基础。文化亚群体亲和力与民族认同密切相关，民族认同就是民族的身份确认，成员对自己所属族群的认知和情感依附（罗柳宁，2004）。这种身份确认一方面指个人归属的某一种社会范畴或类型，另一方面指个人对自己所属群体的行为模式、价值观的认同。因此，文化亚群体亲和力本质上是一种集体观念。生态移民搬迁后的各类宗教仪式或活动，通过宗教场所体现的文化符号，勾起历史的印记，诠释现实的场景，既可以复原旧的集体记忆，也可以塑造新的集体记忆。而集体记忆又和文化亚群体亲和力紧密相关，通过建构精神共识或辐射话语力量来提升文化亚群体亲和力。

符号是人们共同约定的用来指称一定对象的标志物，包括以任何形式通过感觉来显示意义的全部现象，在这些现象中某种可以感觉的东西就是对象及其意义的体现者（巴尔特，1999）。文化亚群体所属的"文化圈"就是他们认同的符号，虽然因为移民搬迁发生了空间结构的转变，但是他们依然希望有自己群体的宗教场所，来构建他们的生活空间。

搬迁到M镇的回族生态移民群众有五个文化亚群体。虽然有相同的宗教信仰，但是在具体的习惯上有较大的差异，再加上搬迁自不同的地区，在言行、思维方式上也不同。根据政府规划，原隆村的宗教场所建设用地有两处，分别位于该村的东南方和西北方。其中，一处被文化亚群体 A 占用，搭建了简易的宗教文化场所；另一处被文化亚群体 B 占用，盖了砖混瓦房。文化亚群体 C 在村子西南边暂时借用一间闲置的移民房。笔者调研时，恰逢斋月，笔者走访了某文化亚群体负责人 FXQ。

  笔者："各文化亚群体能否合建宗教文化场所？"
  FXQ："不行，肯定有问题，思想观念不一样，行为方式不一样。"
  笔者："政府对宗教文化场所建设的态度是什么？"
  FXQ："宗教局调节合用宗教文化场所。"

根据宁夏生态移民新村发展建议，"宁夏宗教部门依法加强生态移民新村宗教事务管理，提倡不同文化亚群体合用宗教文化场所，原则上一村建一处，最多两处"（中共宁夏回族自治区党委，2010）。建设经费由老百姓自己筹措，政府没有专项资金，合用宗教文化场所最大的好处是能够减轻老百姓负担。

FXQ 告诉笔者，刚搬来时两个文化亚群体移民还找过他们，商谈合并宗教文化场所的事情，都觉得刚搬迁来经济条件不宽裕，无论哪一个文化亚群体单独建都很困难，在这个美好愿望下，大家走到了一起，但是好景不长，终究因矛盾多不得不分开。不过，即使分开了，遇到节日活动，双方还是有交往。他们都有现在的或历史的本族群共享的、维持族群边界的认同观念和象征符号。从访谈可以看出，老百姓存在"既不想分开，又不得不分开"的矛盾心理。从经济角度看，移民不想分开；从心理习惯看，移民又想分开；从年龄层面看，年轻人不想分开，老年人想分开。

当举行宗教活动时，各宗教亚群体凝聚在具有共同宗教信仰文化的"场域"中，暂时远离世俗社会中的喧嚣与烦恼，暂时悬置他们的区位差别和职业身份,将身心浸润在宗教文化场所中倾诉与祈求。然而信仰活动结束后,他们从宗教支撑的神圣空间又回到了世俗组织的人群社会,世俗的理性和潜在的规则又赋予他们社会化的角色和地位。

杜尔干(1999:418)指出:"每当有氏族或者是部落被召请参加集会,集中就产生了,他们将举行宗教仪式,这就是民族学家所称的集体欢腾。"宗教力量是由信仰者产生的观念和情感构成的一种实体化的集体力量,即道德力量,它存在于某些有形或无形的"物质"上。虽然原始宗教与现代宗教在形式上有所不同,但是这只是社会不断由简单到复杂、由低级向高级变化发展的一个外在表现。氏族成员举行的宗教仪式随着社会的发展变得更加世俗化、平民化,却有着同样的客观指涉,以及发挥同样社会功能的相应的仪式活动和情感。氏族社会生活中的集体欢腾,在现代社会也可以看作能够激发个人和群体情感的全民性的欢庆活动。宗教文化场所是集中体现各文化亚群体日常生活习俗的场域,也是联系的纽带,是使他们成为一个坚强"共同体"的内因。

在现代化进程中,随着移民搬迁,传统乡村民众分散居住后,集体活动逐渐减少,带来以集体意识为主体的集体记忆的遗忘和退却,民众对经济发展的超理性追求,以及为了谋求利益的最大化,单纯地重视经济、政治上的得失,致使他们对"日常世界"的习俗、礼仪、节庆活动日渐冷淡。现代化这种迫不及待地推陈出新的行为特征体现在社会生活的方方面面,更在人们的心中留下了强烈的情感暗示。在这种背景下,一个群体既能够保持自己鲜明的特质,又能适应社会环境的变化,从而得以发展,其内在深层的原因就是文化的主体——群体成员有着强烈的认同、自信,对其历史和传统进行有意识的恢复、运用甚至再造。移民群体自觉地建构自己的文化认同,以逐步实现对文化的认知与维护。

三 初级生活圈

初级生活圈是人类基本生活中形成的关系的总和,包括家庭、婚姻、性和社会性别。德国社会学家滕尼斯在《共同体与社会》一书中指出,在家庭、村庄等"社区"中自发形成的关系（包含每个个体的多种角色、利益）不易转移，而在工厂、城市等"社会"中因个体利益联结在一起，是不稳固的。家庭是社会的基本单位，是构成社会的细胞，也是一个独立的经济单位。

中国社会的习惯是"居家养老"，与西方国家的"社会养老"是完全不同的模式，这既有经济社会发展的后进原因，也是长期形成的"惯习"。赡养老人是绝对性的要求，形成了所谓的"反馈模式"（费孝通，1983），有别于现代西方社会的"接力模式"，在纯农业家庭是如此，在"半工半耕"或"半商半耕"的家庭也是如此，可见家庭仍然是基本的经济单位。黄宗智（2007：26、27；2014：285）在研究中国家庭结构时指出多个已婚子女同居而组成的"复合家庭"理念是不符合实际的，已婚兄弟家庭之间很难避免矛盾冲突，家长们变通的做法有两种：一是选择和一个儿子一起生活，在分家安排中给予这个儿子特殊照顾，日常生活中其他儿子提供适当的经济补助；二是由儿子们轮流赡养，即"轮流合爨"。在生态移民搬迁中，一些核心家庭转变成主干家庭或联合家庭，导致家庭结构"逆向运行"。有移民说：

> 搬迁到这里合并的家庭，五十岁以上的人难过，出去打工就没人要，又不能享受国家的养老金，在家里喂羊没养羊、喂牛没养牛、种地没地，天天家里就着（闲着），儿子出去打工，儿媳妇既伺候娃娃又伺候老人，时间长了就厌烦。老人在家里啥都不干光吃，儿媳妇能给好脸色看吗？这种情况老人不高兴、难受呀，感叹不要搬迁来了，老家种个菜呀，扫院呀，锄粪呀，起码是没有闲着，儿媳妇愿意给碗饭就吃，不情愿自己单独开灶。

搬迁造成老人闲置是产生家庭矛盾的原因之一，无奈的老人天天去捡树枝、树根，这不是说他愿意背柴，只是说今天拾柴了，吃饭总是好受些，儿媳妇脸色好看些。在农村，子女结婚后要另立门户，与父母分开居住、生活，从家庭结构看是从主干家庭、联合家庭变成核心家庭。在生态移民搬迁时政府对分户有明确的时间界定，晚于界定时间的要合并户口后方可搬迁，从而打破了家庭原有的生态结构。基于这个缘由，部分家庭父子之间、兄弟之间及几个兄弟与父母不得不合并户口，这样家庭结构又回到主干家庭、联合家庭，这种家庭因人口多、结构复杂而矛盾突出。在迁入地被动合户的家庭，由于问题多，不得不分开生活，也就是说虽住在一起但还是两家甚至三家。

  有一家只有一个女儿，招女婿，女婿和丈人老两口关系还可以，反而女子和大大（父亲）关系闹得很僵，抱怨老人爱唠叨，老人说女儿做一顿饭能吃几天。老人来村委会说没地方去了，我去后不管老人的错先把女儿臭骂了一顿，女儿还觉得委屈只是哭，又劝说："养儿养女都防老，你说不养活谁养呢？把你大大妈妈安排在别人家养能行吗？"最后是村委会给老人安排了低保，还是和女儿女婿一起生活。（村副主任WXF，访谈记录，村委会办公室）

政府为了搬迁更多的人，采取合并户口的策略。一个院落搬了两三家的人口，本来在老家父子是分户的，为了搬迁被合并户口，引发了矛盾。如一家老两口加上结婚的儿子家，再加上没结婚的子女，儿子儿媳打工能挣来钱，老两口挣不来钱，儿媳妇觉得自己能过、老人不能过，可是这是一家人，老人心情不好，有牢骚。移民MYH给笔者讲了一个村里的案例。

  原州区张易镇马场村的马家四兄弟，他父母在世时，离开老家十几年了，在吴忠市租的房子住。马家老大51岁，接近40岁才找了本村的一个寡妇，生了两个孩子；马家老二找了个同心的媳妇，生了两个孩子；马家老三在吴忠找了个寡妇，几年后走了，又找了个寡妇，生了三个孩子；马家老四生了两个孩子。到现在为止马家老大、老二、老三没办结婚证，媳妇、孩子都没上户口。多年来父子弟兄没分户,都是在以父亲为户主的名下。老马夫妇过世后,听到移民搬迁的消息,马家老四回到老家把父母亲的户口销掉,户主转移成自己,把弟兄们纳入自己名下。弟兄四人算作一户一个院落,但因相互争斗,没有一个在这里居住。老二拿着户口本不给老四用,老四跟老二打闹着要呢,虽然说拿户口本并不代表拥有院落,可是他们自己心里感到安慰些。(访谈记录,2014年5月18日)

在迁入地的生活方式远比老家复杂得多,移民每天接触到形形色色的人,特别是外出务工的移民能接触很多新事物,影响着他们的思想,改变着他们的观念。

第三节 乡村社会科层化

一 乡村选举

(一)村委会换届始末

在2012年5月实施生态移民搬迁时,M镇政府在原隆村成立了临时党支部,副镇长WZC兼任村第一书记,宗教干事WS兼任第一副书记,园艺村副书记MZX调任第二副书记,也是村专职副书记,移民HGB、WXF为委员,同时HGB兼任村互助资金理事会理事长。整个移民村被分为十个村民小组(见表5-2)。

表5-2 M镇原隆村各村民小组组长情况介绍

村组	组长	迁出地及职务	备注
第1组	ZDX	隆德县山河乡大慢坡村,村主任	
第2组	LYB	隆德县凤岭乡上梁村,村民	第一任杨组长辞职了,第二任刘组长去世了
第3组	LR	隆德县温堡乡大麦村,村书记	

续表

村组	组长	迁出地及职务	备注
第4组	MHL	原州区炭山乡石湾村,村主任	第一任白组长辞职了,第二任左组长没户口被免职
第5组	WYQ	原州区三营镇塘湾村,村主任、村书记	2014年9月辞去组长职务,马某接任
第6组	WZY	原州区中河乡上店子村,会计、村主任	
第7组	MFS	原州区三营镇西台村,村民	2013年12月被免去组长职务,海某接任
第8组	SFQ	隆德县山河乡崇安村,村副书记	
第9组	MYH	原州区张易镇西马场村,村民	该组于2013年12月9日搬迁
第10组	HGL	原州区开城镇东马场村,村民	该组于2014年5月30日搬迁

注:在村委会换届选举时第9、10组还没有搬迁来。

2013年11月M镇所辖村庄村民委员会换届,新搬迁的原隆村也不例外。这是生态移民村建立以来的第一次村干部选举,整个选举过程分为选举组织宣传、候选人选举、正式选举、选举结果产生四个环节。

(1)选举组织宣传。在村委会换届选举前半个月,村临时党支部召开会议,通报了全镇村委会换届时间,并成立了"村委会换届选举领导小组",组长WZC,要求各村民小组组长给村民讲解村干部选举程序、报名要求等。

(2)候选人选举。村委会换届选举焦点集中在村主任人选上,在正式选举前十天村民对村主任候选人进行预选,有七位村民参加竞选,预选中MZX和WYQ得票最多,被确定为村主任候选人。两人都是50多岁,都曾经是村干部。MZX,文盲,后来自学认识汉字,但是不会写,他可被称为一名老干部,共计干过36年。其中,农业合作化时期在西吉县某公社工作6年,县广播站12年,共计18年,均为计划内的合同工。改革开放后公社改为乡镇,后来乡镇合并,机构精简,没能转正被辞退。20世纪90年代自发移民到M镇,在园艺村当了18年村干部(村副主任、主任、副书记、书记）。WYQ，小学文化程度，曾在原州区三营镇塘湾村干过9年村干部（两届村主任、一届村书记和村副书记），2012年6月移民到M镇原隆村。

（3）正式选举。选举当天M镇领导来视察，但在选举开始前离开了，镇派出所派了五个民警维持秩序，选举总负责人是WZC（M镇副镇长），选举委员会主任是WS（M镇宗教干事），选举地点是村小学。全村八个村民小组分别在八间教室内各设投票箱一个，各组长负责本组村民投票计票，最后汇总。

（4）选举结果。第1、2、3、4、6、8组村民绝大多数支持MZX，第5、7组几乎全部支持WYQ，选举结果为MZX获胜。其他村干部由村党支部提名，村委会内部选举产生，整个村集体构成如下。

村党支部委员会五人：WZC、WS、HGB、MZX、WXF。其中，副镇长WZC为M镇下派村书记，宗教干事WS为M镇下派村副书记，MZX任村副书记兼村主任，WXF和HGB是委员。2013年12月M镇副镇长SZJ接替WZC兼任村党支部书记，2014年4月镇政府任命HGB为村副书记，免去MZX村副书记职务，WS调回M镇，不再兼任村副书记。

村委会七人：MZX、WXF、HGB、MXT、LR、SHY、WXL。其中，MZX为村主任，WXF为村副主任，WXL是大学生村官兼村妇女主任，后来考入宁夏煤业集团，其余四人是委员。

村监督委员会三人：ZDX、MHL、SFQ。其中，ZDX是主任，MHL、SFQ是委员。

此外，原隆村还有资金机构——村互助资金理事会：理事长是HGB，WXF、MZX、WZY、SHY是委员。截至2013年7月县扶贫办划拨给原隆村互助社资金合计195万元。根据规定，老百姓入股1200元，可以贷款6000元，换句话说是1200＋4800元，月利息0.48%，利息由县扶贫办、镇政府和互助社共同使用，其中互助社分得的钱部分作为工作人员补助，部分作为办公费用。

（二）村集体结构平衡原则

从村干部组织结构看，原隆村集体共计12人，MZX、WXF、HGB三人在村"两委"交叉任职，WZC、WS两位镇干部没有进入村委会名单，村干部（包括三位村监督委员会人员）是10人，加上村文化站的2人，合计为12人。从民族结构看，村三个机构的"一把手"分别是：村党支部副书记HGB（回族）兼任村互助资金理事会理事长、村委会主任MZX（回族）、村监委会主任ZDX（汉族）。为了平衡村委会民族结构，WXF（汉族）被任命为村副主任，在村"两委"交叉任职的三人中体现了回、汉民族移民均占的原则，即两位回族干部，一位汉族干部，并且在村三个委员会中均有回族、汉族干部。竞选村主任候选人的7位村小组组长中有5位是回族、2位是汉族，并且有6位在迁出地曾任村干部。

原隆村从临时党支部到村委会选举的变化与利益调整，使村民小组组长MFS、WYQ被排除在村集体之外，其余所有村民小组组长都得到了应有的安排。有人讲原隆村实际的"当家人"是HGB，他是村互助资金理事会理事长，村委委员、副书记，村里的财务工作由他分配，例如每年打扫村卫生时花费的十几万元都由他安排。这个在老家固原市原州区上青石村当了几十年村干部的人，脑子灵活，别人想不出的办法人家能想到。

二 乡村精英

笔者访问M镇原隆村主任时，他讲了两件事。

> 事件一：2013年9月德隆公司的车拉原隆村的马某等人去干活，路上出车祸马某死了，家属抓住司机不放，司机没钱。我就去找德隆公司调解，老板说车是借给别人用，不是公司的司机，他们没有责任，我说："给车时是否问了开车的人有没有驾照？如果没有，那是要开车人的命。"老板坚持没责任，我就带领家属和一些村民上访，最后德隆公司赔了33万元。
>
> 事件二：村民魏某是中共党员，退伍军人，还参加过汶川地震救

灾，在2014年5月病死了，我给村书记汇报想给点抚恤金、送点花圈，结果村书记说不符合规定。我就开了个村干部会，决定从村办公经费中支点钱，我说："村书记是镇干部兼任的，说不准哪天就走了，我们就是村里的人，天天面对，中共党员要相信党。"村上安排代表去买了花圈，又给了点慰问现金。

村主任努力扮演村中"当家人"的角色，是村民的主心骨。有老百姓也确实认为在关键时刻村主任能为村民出头。

三 乡村政治

村委会换届选举按照计划如期进行，但是没有竞选人发言的环节，而是主持人简单介绍情况后直接投票。这样使 WYQ 准备的对 MZX 的三点质疑没有派上用场。第一，身份质疑。MZX 是镇政府调用的园艺村村民，不是本村村民。第二，村集体财务质疑。高速公路经过本村的土地，占地补偿款何在，煤气厂占用本村的土地，每年的补偿费用在哪儿，以及村营业房出租的租金开支明细。县扶贫办给本村一辆小四轮拖拉机，用来拉垃圾，但没有使用，而是停放在 HGB 家，村委会开会有组长提出疑问，MZX 以拉不成为理由，重新雇人拉。村庄各类公共资源被委托给村级政权村委会管理，但是村级政权的各职位人选并非完全能够由全体村民决定，或许根本决定不了，致使村民转让权力，并期望代理人给全体村民带来最大化的利益，却对不断增加的代理人的权力失去控制（风笑天等，2006：138）。第三，工作方式质疑。MZX 不仅不能保护村民，还动辄与村民打架。村民李某因为低保户分配问题与 MZX 争吵并打架，MZX 用装满开水的杯子砸李某没有砸到，反被李某打了一顿。2013年新年 M 镇组织体育活动，原隆村组织的篮球队在村篮球场训练时与镇上来的几个青年闹矛盾，MZX 不但没有报警，反而放走了打人者。

《中华人民共和国村民委员会组织法》第十三条第三款规定，"户籍不在本村，在本村居住一年以上，本人申请参加选举，并且经村民会议或者村民代表会议同意参加选举的公民"列入参加选举的村民名单。可见，MZX参加村干部选举是符合法律规定的。在村干部选举中，有村民质疑为什么选个村主任要用8个投票箱，副镇长兼原隆村书记WZC说这是开会研究的，老百姓太多怕选举时闹出事情。《中华人民共和国村民委员会组织法》第十五条规定："选举实行无记名投票、公开计票的方法，选举结果应当当场公布。"

村主任两位候选人分别代表着两种工作思路，MZX是镇政府从其他村庄调用的村干部，擅长走上级路线，对村民以"管"为主。WYQ是搬迁的移民，喜欢走下级路线，常常扮演村民"代言人"的角色，在一些利益分配上与村干部针锋相对。2012年6月就村属22间营业房出租问题开会时，报名要营业房的人有200户，挤满了村会议室。村干部介绍了营业房的情况，并说明村委会定价是每年每间7000元，一次交清3年租金，如果承租的人多就涨价，然后"抓阄"分房。这个价格对于刚从山区搬迁的移民来讲较高。WYQ问："租金太贵老百姓交不起咋办？"WS回答："租不起，就给村外的人。"WYQ说："营业房是政府给本村人盖的，必须给本村人。价格是县上定的、镇上定的、村上定的，还是老百姓定的？依据是什么？老百姓刚搬来没钱，依我看每年2000元，如果还嫌多，租金按年交，老百姓租到房子还要投资营业，以后收入高了可以涨价。"老百姓当场鼓掌叫好，然而会议无果而散。有些村民认为WYQ说得对，村上一定会重新考虑定价然后公布。最后，营业房租金定为每年6000元，HGB带头交钱，占用三间。村干部动员WYQ的哥哥租用一间，其余大多由以前在老家做生意的人占用，等着降价的村民没想到房子租完了，就抱怨上了WYQ的当。

WYQ所建构的村民身份的话语并没有引起村民的"共鸣"，当笔者问WYQ如果当选了村主任对村有何规划时，他一下子愣住了，一会儿才说"这个我也不好说"，接着又说修建广场小工应该让本村人干，发展得好一点、熟悉当地情况了，他们可以自己干自己的，最后补充说要带领老百姓把政府承诺分配的土地要回来。可见，在WYQ的脑海中没有带领大家致富的规划，或者说他还没有想这个问题，他地域观念很强，在他的话语里"我们三营人""他们开城人"等时常出现。从本质上说，无论谁当村主任不重要，重要的是配合镇政府做好村庄治理工作，相对于 WYQ 来说 MZX 更符合镇政府的期待。

村级政权的领导集体中一个人兼任几个职位，扮演不同角色，使多个组织目标高度重合。M 镇原隆村的三个机构——村党支部、村委会、村互助资金理事会的干部交叉任职，村副书记 HGB 兼任村委会委员和村互助资金理事会的理事长，实际上影响着村委会一些重大事情的决策权。此外，村级政权的换届及运行有一套行政和利益支持系统，有很多村民认为从换届竞选中投票箱的设置策略可以看出，村干部的职位好像是镇政府安排的一样，这种现象被学者称为"竞争的内部支持"（张静，2000）。其实，乡镇政府虽然在名义上对乡村社会拥有管理权，但是在实际工作中必须依靠村级政权的力量实现真正的治理，村级政权组织"正在远离国家利益，同时也没有贴近社会利益，日益成为原来行政监督的，同时未受到社会利益监督的相对独立的、内聚紧密的资源垄断集团"（张静，2000）。可见，虽然中国农村 1982 年以来推行"村民自治"，社会利益的组织化对干部利益的组织化提出了挑战，但是基于乡、村两级干部之间的利益网络（包含工作关系）形成的"整体内聚"现象没有改变。依据科尔曼的法人行动理论，这是代理人过度使用权力导致的代理人与委托人之间的分离（风笑天等，2006：133）。

第四节 乡村社会的发展

在生态移民地区，乡村社会与国家发展战略同步同调行进，乡村现代化的过程，也是现代国家建构的过程。在乡村社会发展过程中，发达地区与落后地区之间有一种天然的联系，在国家主导下，发达地区帮扶落后地区，中央政府通过合理的资源配置帮助经济社会欠发达的地区，这也是维护社会稳定、实现共同富裕的主要措施。

动员与发展：生态移民中的国家与乡村社会

一 乡村人力资本

在生态移民中，政府尽力将权力转变成权威，对移民群众进行"人力资本"的再造。"人力资本"的概念是20世纪60年代经济学家舒尔茨和贝克尔提出的，它是人们花费在教育、健康、职业训练、移民等方面的投入，其本身就是由一种投资行为最终形成的（风笑天等，2006：75）。对于生态移民来说，他们在迁出地长期积累的农业生产知识、技能、经验，随着移民搬迁后劳动环境、劳动对象的改变而"失效"，使自身拥有的人力资本浪费，面对新的劳动对象必须构建新的人力资本。

"迁得出、稳得住、能致富"这是政府组织实施生态移民的原则，移民群众"稳得住"的关键因素是"能致富"，这也是与全国同步进入小康社会的奋斗目标。在生态移民中提供就业技能培训是落实自治区政府〔2011〕34号文件精神的实质行动，从自治区政府对移民的培训规定①可以看出从2011年到2015年政府计划每年对1.5万名移民进行就业、务工技能培训，共计培训7.5万人，使每个家庭有一人接受培训就业。培训工作由自治区移民办负责组织协调，各有关厅（局）、农垦事业管理局和各县（市、区）负责实施，培训有专项经费。

生态移民群众搬迁至M镇的第一年，永宁县组织培训刺绣工、电焊工、挖掘机司机、装载机司机，怀揣学习技能梦想的移民群众的积极性很高，纷纷到服务点报名培训项目，超过30人政府就联系培训学校，培训是免费的。学习挖掘机技术和电焊工技术的年轻男性最多。培训挖掘机理论知识断断续续要十天，有时是上午，有时是下午，接下来是实践练习两天，学员排好队到模拟挖掘机上试一下就结束了。电焊工培训类似，但是更加简单，培训老师让每个学员焊几次就算学完，学习时断时续，共计半

---

① 宁夏回族自治区人民政府办公厅：《关于做好生态移民就业培训和社会保障工作的通知》（宁政办发〔2011〕89号），2011年5月20日。

个月,就发结业证。刺绣培训算是最好的,搞了十五天,培训在村里的小学进行,学员全部是妇女,有的移民群众以前就会刺绣,又得到了老师指导,水平提高了不少。最后永宁县培训机构在结业仪式上评奖,收集了很多刺绣作品,包括鸳鸯枕头、绣鞋、肚兜等,还有相关机构来人观摩、拍照、录像。政府领导说若绣得好能打开销路,妇女可以在家挣钱,但是没接到活计。次年冬天政府又组织技能培训,基本没人参加了,一位参加过培训的小伙子说:

> 感觉干啥都是虚的,学不到东西。报名时要的材料有身份证复印件、相片。报名后隔两天上一课,只是讲,没有实际操作。考试的时候在的考了,没在的替考了。

政府对移民群众的技能培训并没有达到预期的效果,政府搭了平台,但是由于时间太仓促,很多流于形式。移民觉得有点小恩小惠呢,如发个书包呀,笔呀,笔记本呀,洗衣粉呀,有些人闲得没事干,就去把东西领回来,虽然说移民表示很想学点东西,但是由于是免费的,缺乏监督,没有积极性。《宁夏"十二五"中南部地区生态移民教育培训实施方案》(宁移组办发〔2011〕4号)规定:"就业培训不少于2到4个月,学员每人培训补贴1800~2800元(平均每人2300元,具体按照培训工种、时间等确定),职业技能鉴定每人补助300元(每人共补助2600元)。"在移民群众接受培训时,实施机构并没有给学员发放补贴,取而代之的是洗衣粉、笔记本之类的其他物品,培训的时间也大大缩减。

实际上,为提升移民技能学习效果,一方面,实施移民硬性证件资质考试补贴政策,例如纳入技术培训的移民凡是取得汽车驾驶证、厨师证等的,政府给予一定补贴;另一方面,政府购买培训服务,大力开展企业用工为移民的"订单式"、定向式培训,实行财政培训补贴资金与企业培训就业挂钩,跟踪移民就业期为两年。

二 乡村非正规经济

黄宗智（2014）论述了中国发展过程中"非正规经济"的贡献，农民工是这类非正规经济的主体，他们不是简单的农村剩余劳动力或"流动"的"临时工"，他们奔波在城市与农村之间，通过农田收入与务工收入的互补性维持生计。

（一）从务农到务工

笔者在宁夏中银绒业股份有限公司 M 镇针织厂做调查时，走进大门映入眼帘的是一栋五层高的白色办公大楼。门卫师傅告知办公楼正在装修没有使用，公司领导在车间办公室办公。顺着门卫师傅的指引向前走，只见车间的墙壁上镶嵌着"学技术就业转型，当工人增收致富"的宣传标语，显然是为迎合移民搬迁工程量身定做的口号。宁夏中银绒业股份有限公司是一家上市公司，1998 年 9 月在临武市成立总厂，以加工羊绒制品为主，目前有三家分厂，全部在生态移民区。2013 年 M 镇通过招商引资引入，以编织毛衫为主，属于劳动密集型企业，可以解决搬迁移民的就业问题。公司技术部培训主管小李（女，30 多岁，河南人，工作 10 年）告诉笔者，厂区正在建设，2013 年 8 月 20 日前能完工。M 镇政府免费提供民生服务中心的大楼来培训工人，为厂区建成后开工做准备，已经培训的五批基本全是女工，约 300 人。技术工种工序与缝纫机差不多，注重实际操作，需要细心和耐心，学会一般需要一个月。刚开始学员很懒散，学了不久就没有信心了，公司不断变换学习的花样，使每天都有新东西学，有人慢慢开始喜欢。学习期间政府每月发 660 元生活费。政府与公司联合到移民村宣传，招收的前三批工人是政府组织的，现在公司可以自己招工。

工厂内，排列整齐的机器嗡嗡作响，工人很忙碌。生产部的 ZXL 主任对笔者说，现在有 400 多名职工，有搬迁的移民也有毕业的学生，主要是女工。工人很难招，需要初中以上文化程度，18 岁到 25 岁之间的年轻人基本招不上，年龄大的公司不想要，一方面考虑到家里有孩子要照顾，另一方面上班 12 小时精力不够，上夜班坚持不下来，还有机器容易伤人。

有些人认为织毛衣麻烦而且工资低,还不如工地上干活痛快并且收入也高,有些人干不到一个月就辞工。工资的构成(保底工资+计件工资+全勤奖)体现了现代化管理模式,初期合同规定 800 元保底工资,后来为了提高员工的积极性将保底工资涨到 1000 元,如果工人每月上 27 个班,平均月收入 2100 元,有些熟练工人能拿到 4500 多元。公司规定每月必须调休 2~3 天,上班时间是 8~12 时、14~18 时,可以选择自己加班。上班需要打卡,三餐收费 15 元,使用工卡消费。工厂建了篮球场、羽毛球、乒乓球活动室等,以加强文体活动,2013 年底还派代表队参加了 M 镇政府组织的篮球、象棋、乒乓球等迎新文体比赛,工人的热情很高。

管理部的 LGL 说:

> 招收的工人难以打交道,不想干活,又想多拿点钱,学习技术太慢了,正常一个星期就学会了,他们要学一个月甚至两个月,一是没干过,二是织毛衣本身就是细活。这里的人特别不好管,安排的事情不好好做,由着自己的性子干。2013 年 12 月总厂接不上订单,工人没活干,20 多名工人闹着要涨保底工资,认为公司接不上活计,不是工人不干,而是现在保底工资太低不能养家糊口,他们还多次"围攻"办公室。从技术熟练工人中提拔的班长、财务员、统计员、计划员等管理人员给工人解释原因,被骂"'汉奸',咋能帮厂子说话,忘本了",还差点挨了打。后来总公司总监,也就是总经理助理专程来解释,还是说不通。

政府通过招商引进企业,并积极帮助企业招工,免费提供场地,希望解决移民群众的发展问题。生活自由散漫的移民群众没有受到过任何约束,从农民到产业工人的转变需要一个过程,这不仅仅是到工厂做工,还是一个价值观认同问题。同时,宁夏中银绒业股份有限公司的用工标准是初中以上文化程度,这看似简单,但是对于生活在山区的农民来说太高了。那里长期以来贫困落后，再加上居住分散，很多地方没有学校，导致农民中相当一部分人是小学文化程度甚至文盲，上中学要到几十里外的乡镇，甚至更远的县城。符合公司要求的女工，更是寥寥无几。

（二）临时用工的挤压

在 M 镇有十几家劳务派遣公司，移民群众的主要收入来源是外出务工。与技术工种不同，以体力劳动为主的短期用工季节性很强。为了增加移民的就业机会，政府规定移民房建设工程必须雇用移民，如果违反规定就要罚款。然而一些移民群众既没有技术，又不愿意受到约束。移民工程建设部的经理说有一次让一个工人把坑里的石子清理出来，人家回答派个年轻人干，自己今年 48 岁，是老汉了。在农村人眼中，有孙子就是老人了，已经到了颐养天年的时候。

在通向 M 镇的沿山公路边，一男两女在给水站旁边的绿化带浇水，都是 40 多岁，晒得很黑。看见笔者过来，男人坐下来休息，随手点了支香烟，男人说自己算是老移民了：

> 十年前这里是沙坑，后来老百姓推成平地了，多是沙子，有少量土，能长粮食，就是费水，土地不涵养水，土质带盐碱性，不能使用化肥，农家肥最好，从山里买来也很贵。搞移民搬迁后，永宁县政府征收改做扬水站，这是二站，还有一站、三站，给移民供水。有老板从县水利工程承包了三年时间，要求树木栽活，栽一个树苗成本 60 元，槐树容易栽活，就是树苗太贵，每个 160 多元，松树 100 元左右，绿化费钱得很。我们搞绿化就是浇水、修整苗木、除草，每天 90 元，干 11 个小时，从 7 点开始干活，按天算钱，一月一结账，干活全凭自觉。
>
> 我三个娃娃，两男一女，两个娃娃都上四年级，在镇上念着呢。我平常在临武钻煤矿（煤矿打工）。今年苦着没去，太吃力了，打工是个苦活计，也挣不了几个钱。（移民 FQ，访谈记录，村民家）

夏季在 M 镇周围的零工主要有两种：一种是葡萄地除草，修剪葡萄苗；另一种是枸杞地除草，摘枸杞。随着搬迁人口数量的增加，每天的工价在降低，从 2011 年的每天 130 元降到 2014 年的 80 元。大家觉得闲着也是闲着，干上两天活还能买一袋面。此外，在 2011 年企业经常派车到移民村拉人免费干活；从 2012 年开始一些酒庄和枸杞企业把活计承包给私人老板，私人老板为了增加利润尽量压低工价，而且是三不要：老的不要、小的不要、瘦的不要。村委会也曾经试着与企业联系，村委会把人组织好，公司派车去拉，钱直接让老百姓挣，企业嫌费事拒绝了；村干部还找过镇政府，希望政府出面解决，但也没有结果。有移民抱怨说，搬迁、搬迁，到这里就好似打工，老板黑心、唯利是图，干活的人少了每天给 80 元，人多了抢着干给 60 元。有的企业给政府虚报解决的移民就业数量，换取政府的补贴，而究竟用了多少移民无处核实。

在 M 镇周围，贺兰山东麓的玉泉营、黄羊滩一带是山石土地，适合长葡萄，有很多酒庄。一家企业征一块地就建一个酒庄，土地承包合同一般是 30 年，葡萄苗子是从外地引进的，品种不纯，酿出的酒口感差，而且葡萄不酿酒，企业就赚不到钱，只有形成产业链才行。每家企业都有自己的产品名称和外包装，这也导致了分散经营，没有形成大的产业集团和统一品牌。笔者在一块葡萄地里见到了福润园酒庄的蒋经理，他正在看着工人整理浇灌葡萄树的管网。这家酒庄有 3000 多亩葡萄地，平常的工人主要是搬迁的移民，雇用的人员也是临时性的，起初是酒庄直接到村里招人，时间久了大家就熟悉了。蒋经理说：

> 干活的移民对田地的编号都熟悉，不用车拉，给一个人打个电话，都来了。这些人自觉，有时候我来迟了，他们已经开始干了，不用操心，不需要负责人，没人管还干得好，农具是自己带的，不管饭，不提供水，每天登记人数、人名。移民刚搬来都困难，老年人实在困难也让干，人心都是肉长的，不能"肥处添膘、瘦处刮油"，不能干得好的让干，不好的让回去，要让好的不好的都干，少一个多一

个都行,让大家都挣点。

企业和工人没有签订协议,每天登记用工情况,工资按月发放。移民搬迁给企业的管理也增加了难度,在葡萄成熟期,周围的小孩糟蹋葡萄,葡萄地里用来浇灌葡萄树的水利设施(如阀门)有的也被人当烂铁砸了卖钱,滴管的毛管也有人拿。企业只能做安防,派专人看护。

福润园酒庄的管理者基于同情心,总是让来的人都干活,不挑三拣四,移民很感激。

> 我是隆德山河乡的,以前没打过工,四口人,一儿一女,儿子在内蒙古乌海打工,女儿上初中。在葡萄地除草每天70元,一月挣1400到1500元,在老家做庄农一年,留下吃的、种子,剩余粮食卖了,收入五六千元,但是菜自己种,这里打工吃的米、面、菜都要买,比较说这里打工还好点,就是太苦了,活计也难找。搬迁来了也要有个生活方式,要动弹呢,不能在家待着,多劳多得,老娘还在老家,准备秋天粮食收了接来,一个家庭四口人,两个打工,日子能过,六口人两个打工,日子紧张。(移民LJG,访谈记录,葡萄地)

许多移民不会骑自行车,打工只能靠走路。干完活回家,无论是男人,还是女人,都要捡些树枝、树根之类的背回家以充当燃料,他们没有农用车,不能一次性都拉回去。

(三)自谋职业的艰辛

2013年7月27日,天下着小雨,有移民在被拆迁的工业垃圾堆里捡砖块、砸钢筋、废弃楼板。笔者和一位60多岁的老人聊天时,老人电话响了,是儿子叫老人回家吃饭,老人自嘲"活都没干还吃啥饭呢,今天就不吃了"。除了外出务工之外,有移民也自谋职业,但是大多从事小本经营。移民FXQ以前做餐馆生意,搬迁后租了一间村属营业房重操旧业,他告诉笔者，在周围搞移民房建设的时候，餐馆生意还可以，现在各个工程逐渐完工，吃饭的人就越来越少，村里的人基本不会出来吃饭，偶尔有年轻人吃点零食。

> 2010年我在贺兰县盖移民房，后来吴老板说转包给我干，我不知道老板拖欠、克扣工程款，因工期拖的时间太久，我借了别人十几万元给工人发工资，工人大多是同乡，第一年就赔了，第二年老板让交10万元保证金，否则不让干，我没有钱就没再干。2012年5月，我贷了农村信用社的款还了别人的钱；2013年8月，把院子（宅基地）卖了还贷款。那年，我们转包的五个人都赔了，我们到县政府、劳动检查大队告了，没告响（成），当时没签合同，没有证据。现在吴老板还欠我十几万元，我没有家，就租村委会的房子住。工程包烂的那年，我把村主任职务辞了，当主任要人前说话、搞工作呢，要账的人就把人缠死了，人都要面子。（武河村原村主任、移民WZL，访谈记录，村民家）

> 我的烧烤比较全，有鸡翅、小鱼、豆腐块、羊肉串、洋芋片等，晚上吃烧烤的是村里年轻人、周围工地上的人，他们也喝点啤酒。在老家别说开餐馆，有的村子门市部都没有，有的乡镇有集市但没有餐馆，开张就倒闭了，没人吃饭，像现在村子里开这么多铺子是不可能的。（餐馆老板、移民GLB，访谈记录，餐馆）

三 乡村暖心工程

2014年1月永宁县出台了《关于印发在农村开展"56789"暖心工程的实施意见（试行）的通知》（永党发〔2014〕3号），旨在提高全县农村居民包括生态移民的生活质量，拉近党与群众的距离，涉及50岁以上的所有人口，措施包括健康体检、赠送生日蛋糕、提高老龄补贴、对失独家庭发放特别扶助金等。值得一提的是，农村 60 岁以上老人生日当天政府赠送生日蛋糕和 200 元现金表示祝贺，具体由各乡镇将所辖村农民出生日期提供给县民政局，民政局委托"甜蜜蜜"公司配送到老人家中，全部经费由县财政承担。对于在大山里生活的农民来说，这无疑是天大的"恩惠"，很多老人甚至自己都记不清是哪月哪日生的，更别说吃蛋糕，有的老人看到这种情景泪流满面，感恩之情溢于言表，自然是感谢共产党，也感谢国家。与此形成鲜明对比的是，许多年轻人成家立业后，经济困难，很少顾及老人，老人还要喂牛、喂羊、种地，自食其力，这就勿怪老百姓感叹共产党比后人好。一群老人在路边，有些打扑克牌，有些下象棋，有些说闲话。与老家相比，搬迁到这里因为没养牲畜老人都很闲，当被问搬迁到这里过得咋样时，一位老移民咧嘴笑了，说：

  共产党好，共产党靠得住，哪个旧朝代有这么好呢？60 岁以上给养老金 110 元，75 岁享受老年社保 160 元，80 岁以上拿高龄补贴 300 元。所有老年人，国家管着呢，共产党不给也没责任，你养有后人（子女）呢，国家考虑你年龄大了、做不动了给些补助，把心劲费了。

中国的老百姓绝大多数对生活要求很低，吃饱穿暖足矣，很少甚至根本没有政治诉求，政治参与、民主监督移民基本不关注。2006 年 1 月中国全面取消农业税，致使延续几千年的"皇粮"化为历史的记忆；从 2009 年 11 月 30 日起，新型农村养老社保基金惠及所有 60 岁以上的老人，这使老百姓不用缴费就能从国家得到数额不等的"养老工资"。搬迁到川区的移民群众，获得了远高于山区的养老金。2014 年永宁县推行的暖心工程，勾连了移民群众对美好新生活的向往。

四 企业帮扶乡村

为了促进 M 镇经济社会快速发展，宁夏回族自治区、银川市领导多次到当地调研，将 M 镇打造成"移民扶贫示范镇"。2014 年 4 月 25 日永宁县政府决定实施"项目+农户+基地"的扶贫脱贫项目（永宁县人民政府，2014）。经过摸底调查，截至 2013 年底全镇共有贫困户 1186 户，主要包括低保户、残疾人家庭、无劳动能力家庭及高龄家庭等。政府计划用三年时间，采用"项目+农户+基地"的模式解决贫困问题。政府整合扶贫资金和农户自筹资金，并通过担保获得银行贴息贷款，交由企业购买肉牛，进行托管养殖，企业定期给农户分红并通过循环养殖获利。M 镇贫困户肉牛托管养殖实施方案主要内容如下：

第一，M 镇为项目实施主体，M 镇辖区内的规模养殖企业为托管主体，2013 年底统计的贫困户为托管对象。

第二，托管原则。以农户自愿为前提，每户贫困户托管肉牛上限为两头，每托管一头肉牛需要投入托管本金 8000 元；托管以三年为一个周期，半年分红一次，每次每头牛分红 1000 元；三年托管期满后，由 M 镇负责，贫困户与托管企业算清账务，扣除委托借款，领取个人缴纳和政策补助现金后，终止托管协议。

第三，资金来源。贫困托管户每托管一头肉牛必须自筹缴纳托管本金 2000 元，每户由县扶贫办补助"双到"资金 2000 元，同时享受其他扶贫政策。原隆村贫困托管户再依据《关于进一步促进 M 镇经济社会快速发展的意见》，享受"农民购买基础母牛的每头一次性给予 2000 元补助"，政策补助资金注入托管本金。三年托管期满后，上述补助资金归贫困托管户所有。贫困托管户购买肉牛本金不足部分，由县政府投入 200 万元担保资金，从银行取得授信，经县政府同意，贫困托管户委托托管企业从银行取得与托管肉牛数量相应的贷款，补足本金部分。贷款由村集中使用，利息由政府承担。M 镇收缴的购牛现金交与县扶贫办管理，由县扶贫办整合资金后交托管企业。M 镇负责肉牛托管分红资金的管理与兑现。

第四，实施步骤。由 M 镇确定贫困托管户，收缴每户每头肉牛

2000元托管本金，与贫困户签订托管养殖协议，与托管企业签订托管协议，名册交与县扶贫办和托管企业。M镇督促托管企业依据托管名册，按照与M镇签订的托管协议购入肉牛。由县农牧局、扶贫办和M镇政府三家单位对托管企业购入的肉牛进行验收。托管肉牛验收确认完成，并报主管副县长签字后，由县扶贫办拨付企业政策性补助资金。

根据实施方案，在农户肉牛托管养殖项目中，各单位共签订了两项协议书（合同书）。在第一份协议《M镇村肉牛托管养殖协议书》中，甲方是村委会，乙方是农户，M镇政府是监督方并对协议备案。第二份协议是《永宁县M镇贫困户肉牛托管养殖协议书》，甲方是宁夏壹泰牧业有限公司，乙方是M镇政府，丙方是永宁县扶贫办，备案方是永宁县农牧局。这两份协议书通过M镇政府连接起来，为了叙述方便现将两份协议中形成的关系做简要解释。

（1）村委会与农户。农户与村委会签订协议，委托村委会代替农户在企业和政府部门中行使权利。换句话说，村委会是农户托管养殖项目的集体"代言人"，充当了"当家人"的角色。村委会确定托管养殖肉牛农户的名册，收缴农户每托管一头肉牛2000元的自筹养殖资金，并交到M镇政府民生专设账户。

（2）村委会与镇政府。村委会是连接镇政府与农户的"中间人"，村干部协助镇政府完成确定贫困户等工作，村委会和农户的行为都受到M镇政府的监督。

（3）镇政府与县扶贫办。M镇政府将各村收缴的自筹托管养殖资金全部转入县扶贫办专用账户，以便县扶贫办整合其他资金。

（4）镇政府与托管企业。M镇政府代替所有村庄的农户与托管企业宁夏壹泰牧业有限公司签订协议，督促后者按照托管农户名册购置肉牛，同时宁夏壹泰牧业有限公司将给予农户的分红转入M镇政府民生账户，再由M镇政府统一分给农户。托管期满后，由M镇政府代表贫困户与托管企业算清账款，扣除委托借款，将农户个人缴纳资金和政策补助资金通过 M 镇政府退还农户，终止合同。M 镇政府充当了托管企业与农户的"中介人"角色，M 镇政府在整个关系链条中是一个"劳动者"。

（5）县扶贫办与托管企业。县扶贫办负责整合购置肉牛的全部本金，包括补充用于本金不足部分的银行贷款，交与托管企业宁夏壹泰牧业有限公司。

（6）县农牧局与托管企业。县农牧局给予托管企业养殖肉牛的技术指导，负责肉牛建档立卡、佩戴耳标，并与 M 镇政府、县农牧局一起对托管企业购置的肉牛进行验收，监督肉牛存栏量、出栏量，监督托管企业按时给农户分红，监督托管资金只能用于购买肉牛。县农牧局对分红凭证备案。

（7）县政府与银行。县政府投入 200 万元资金作为担保，帮助托管企业从银行贷款，利息由政府承担，即从扶贫资金中扣除。

（8）托管企业与银行。托管企业以农户名义从银行贷款，按时还清贷款本金，但是不支付利息。

（9）托管企业与市场。托管企业购买肉牛、饲料，销售肉牛，完全尊重市场规律，由市场决定价格，风险自己承担。

（10）托管企业与国家。托管企业独自享受国家各类扶持养殖业发展的优惠政策。

从上述分析中可以抽象出三对关系丛。

其一，政府与农户的关系。在整个项目中，政府成为农户与企业之间的桥梁。从形式上看，政府没有与单个农户发生互动关系，而是通过村委会与农户进行间接互动。镇政府把村干部作为"拟"政府干部，为了更顺利地管理乡村，常常任命乡镇干部为村支部书记。

其二，政府与企业的关系。在托管养殖链条中，托管企业由政府担保获得银行贷款，利息由政府承担，相当于获得了"无息贷款"。形式上每年还清本息，第二年再贷款，实际上是在账户上走个程序，政府担保减少了银行风险，贷款扩大了企业资金规模。企业遭遇自然灾害、重大动物疫情等风险时,可以上报政府争取灾害救助,也可以获得县扶贫办拨付的企业政策性补助资金。政府不参与企业的管理和销售工作,只为企业提供支持和协助,如项目支持与土地优惠。政府效能对企业有一种潜在的影响,例如如果政府效率低,虽然肉牛行情好,但是企业没拿到银行贷款,就会错过机会。

其三,企业与农户的关系。托管企业与农户没有直接接触,避免了企业与个体农户互动造成的麻烦;农户也不参与肉牛的购置、饲养、卖出等过程,农户实质上是资金入股。在托管项目中,农户没风险,企业的风险主要在于会受到市场行情变化的影响,例如牛肉价格变化、饲料价格变化、育肥肉牛的价格变化,无论盈利与否企业都给农户分红。农户托管两头牛的本金是 16000 元,这 16000 元的构成是:农户自筹 4000 元,扶贫补助 2000 元,政府担保贷款 10000 元。每年分得红利 4000 元,三年合计分红 12000 元。协议终止后,农户领取自筹本金 4000 元、政府补贴资金 2000 元,共计 6000 元。此外,原隆村农户还领取政府给予的购置母牛补贴 2000 元,所以共计 8000 元。

"项目+农户+基地"扶贫模式是政府基于有限的扶贫资金,以扩大扶贫对象为目的实施的。在整个模式中获益方有两个:农户和企业。2014 年 5 月 28 日笔者到 M 镇调研时,MYL 镇长说:

> 现在全镇确定了 1186 户贫困户,太多了,政府和企业都承担不了,把企业拖垮了也不行,要实现双赢。贫困户托管两头牛,每年分红利 4000 元,可以维持家庭正常生活运转。

其实,对于企业来说也基本没有风险。建设养殖场的土地是以极低的价格租赁的,政府贴息形式扩大了企业资金规模。政府确定的每头牛的价格是 8000 元,而事实上根据市场行情,每头牛的价格是 5000 元左右,换句话说,两头牛的本金实际上可以买三头牛,无形中企业免费获得了一头牛的周转资金。此外,每头牛的本金每年可以循环利用三次,育肥肉牛一般需要四个月,这也是企业利润的重要来源。这也不奇怪,一位村干部说:"这种模式咋说企业不吃亏。"但是,可以增加贫困群众的经济收入是事实,只是 M 镇搬迁了几万名移民群众,能够获益的人实在太少了。宁夏壹泰牧业有限公司的经理告诉笔者,他们在永宁县搞肉牛养殖已经十多年,政府要做肉牛托管项目的消息公布后,他们中标了,在 M 镇建了这个近 500 亩地的养殖场,土地是政府以较低价格租赁给企业的,合同期为 30 年,企业养殖繁殖母牛、育肥肉牛,并通过人工配种改良品种。

第五节 小结

生态移民从迁出地到迁入地不仅仅是生活空间的转移,更是生活基因的重组,移民群众的发展转型面临新的挑战。生态移民不只是搬迁的问题,还会衍生一系列的其他问题,如养老问题、家庭结构异化问题、婚嫁问题、移民关系问题、移民融合问题等,这些后续产生的问题无形中增加了基层社会治理的困难。

政府规划的互嵌式移民社区,并没有像预想的一样增进不同群体的相互了解,他们之间由于生活习俗的差异产生了矛盾。互嵌式社区不仅要关注居住问题,更应该关注经济互嵌、文化互嵌,建立一个结构相连、利益相关、情感相同的共同体社会形态(郝亚明,2015)。村委会换届选举时,政府的介入平衡了村干部结构,同时也产生了一些意外的后果。乡村政治的核心是二元结构属性,传统社会是"官民共治",现代社会演变成"党政二元",国家建设要从乡村汲取经济政治资源,乡村社会又要依靠国家权力获取公共物品,维持基本社会秩序(张静,2000)。迁入地政府努力构建移民群众的新生活,包括移民技能培训、引进企业以增加就业机会,但是从农民到工人的身份转变需要一个过程。同时,在市场经济的冲击下,移民面临临时用工的挤压等问题,而个人的自主创业由于社会资本和文化资本的短缺变得更加困难。政府对一些特殊群体实施了项目扶贫和集中供养安置。

在搬迁之后形成了不同于以往的国家与乡村社会关系,这种关系有两个行动者:政府和移民。一方面,移民群体有意或无意地比较,从纵向上与过去生活比较,从横向上与迁出地生活比较;另一方面,政府对移民群体的扶贫方式存在困境,政府在探索更为有效的扶贫政策,使移民群体走向独立发展的道路。

第六章　国家与乡村社会权力结构平衡关系再生产

生态移民搬迁的脚步没有停歇，换句话说生态保护和扶贫工程"永远在路上"。在生态移民搬迁中，政府融合了扶贫开发、生态修复、实现现代化等多元目标。从生态修复的视角看，移民搬迁带有强制性；从扶贫开发的视角看，移民搬迁要求以民众的自愿性为原则，而民众的利益需求各不相同。生态移民案例研究呈现了国家与乡村社会的框架结构，可以总结为以下几点。

第一，生态移民搬迁前的国家与乡村社会格局。传统乡村社会是以农耕为主的自给自足的自然经济，居住模式以单一民族为主，乡村社会封闭、保守，传统文化维系着乡村社会的秩序结构。中央政府和地方政府长期以来给予各项扶贫支持，从政府进入乡村社会的机制看，以村干部为中间"桥梁"与民众间接产生互动，并在一定程度上影响着乡村社会的变化。政府的扶贫措施取得了一定的成效，但是乡村社会依然存在贫困问题，政府决定实施移民搬迁使贫困群众跳出贫困地区。

第二，生态移民搬迁中乡村社会与国家的博弈。生态移民搬迁是政府构建的现代化的美好蓝图，政府通过科层体制"政治动员"的方式将搬迁任务分解"打包"、逐级下移。民众积极调用各种资源与政府进行博弈，民众采用"弱者的武器"与政府周旋，或者直接采用"集体行动"依理抗争，政府不断调整政策应对一系列变化，政府与乡村社会发生了直接的互动，并相互影响。

第三，生态移民搬迁后国家与乡村社会的新秩序。围绕移民迁入地乡村社会建设与民众的可持续发展问题，国家与乡村社会产生了一种新的互动关系。生态移民搬迁的两个行动者——政府和民众，拥有各自的行动目标。一方面，随着移民搬迁，嵌入在民众个体行动者中的物质资本匮乏，人力资本和社会资本遭到人为的、大规模的解组，使民众个体行动者以一种非自然的方式需要各方面的帮助，民众对政府的依赖性加强。另一方面，政府规划的乡村社会发展目标并不完全是民众所期望的结果，因各群体的差异性而呈现多重面向，从而产生未预结局。

根据以上的分析总结得出如下结论：在中国欠发达的乡村社会，国家依然是经济社会发展的主导力量，但是乡村社会的主体是一个"理性行动者"，对政府的发展政策具有明显的影响，通过各种方式实现利益诉求，使政府改变相应的现代化规划。

改革开放以来，国家与社会关系发生了显著变化，基层社会力量在不断增长，但是国家对资源的控制和掌握能力并没有减弱，国家仍然是社会发展的主导力量。学者们的研究发现，中国"强国家—弱社会"的基本结构依然是主体（孙立平，1997；张静，2000；郭于华，2011），然而通过"生态移民"案例研究发现，这种基本结构有所松动，在某种程度上国家与乡村社会的关系向着相互改变、相互构成的方向发展。米格代尔指出在国家与社会力量的各种交锋场（meeting grounds）里，有些社会力量把自己和国家的命运连接起来，认为国家是规范所有社会力量行为的组织；另一些社会力量利用资源、社会地位等为自己服务。国家与社会力量的结合有四种类型：完全转型（即国家渗透导致社会力量消亡）、国家对现存社会力量吸纳、现存社会力量对国家吸纳、完全脱离（即国家向社会力量的渗透彻底失败）。其实，完全转化或完全脱离的情况很少，实际上国家与社会力量相互改变（米格代尔，2013：130～132）。根据以上结论，本研究提出构建国家与乡村社会权力结构平衡关系再生产。

第六章　国家与乡村社会权力结构平衡关系再生产

第一节　政府规划性现代化

一　"政治动员"的两面性

制度就是建立起来的规则体系（诺思，2014），人们依照这些规则彼此互动，当人们认为新的制度安排所带来的利益大于投入的成本时，他们就愿意改变规则。有些规则是"显性的"，有些是"隐性的"，即在运作中人们之间的互动是心照不宣的。政府层级间有很强的政治动员能力，上级政府常常把各项任务通过"行政发包"方式转移到下级政府，这种模式的特点是"行政分配、经济激励和考核控制"相结合（渠敬东，2012）的办法。

生态移民搬迁就是采用"行政逐级发包"的方式，自治区政府将生态移民搬迁任务分解"打包"，分配给县级政府，县级政府将任务进行再分解，督促各乡镇政府落实完成，实际上县级政府是任务执行机构，自治区政府会同其他职能部门一起定期对生态移民任务落实情况进行监督检查。有些基层政府基于自身利益，对于生态搬迁存在以"完成任务"为目的的目标逻辑，追求在单位时间内完成上级政府的搬迁任务，对于某些群体是否适合搬迁或搬迁后的可持续发展问题考虑得并不多，或许没有精力考虑这些问题，出现类似格尔茨提出的"内卷化"现象。

因此，政治动员在有助于任务完成的同时，也会造成项目的实效性下降，正如美国耶鲁大学教授斯科特在《国家的视角》中指出的，国家主导的社会工程旨在改变人们的生活状况，不幸的是很多工程都以失败告终。究其原因，从国家角度看，国家"超级"自信，包括在科学、技术方面取得的进步，对自然界、人类社会有很强的控制能力，这种极端现代主义的意识形态，形塑了国家对于自然和社会的简单化的管理制度，国家通过强制权力使规划设计变成现实；从社会角度看，社会的清晰性提供了开展社会工程的条件，再加上公民社会发展不完善，形成等级分层，没有能力抵制国家的决定权和行动（斯科特，2012：4~6）。项目规划者把项目看成一个简单的线性过程，致使看似论证严谨的项目的实施结果与规划目标常常不一致，塞尼（1998：67）认为项目实施的过程中会出现政治压力、社会讨价还价、环境结构变化、行政失调等，提高项目"质量"的有效措施是"把人放在首位"，使项目与社会的发展过程相一致。有学者给予了相同的看法，发展项目要分权规划，因为不同的人口、社会、经济群体的需求不同，要避免发展规划的集权体系（Rahman & Rahman，1998）。

二 政府层级间的非同质性

政府内部的非同质性表现在上级政府与下级政府的利益诉求有差异，相同级别不同地区的政府利益诉求也有差异。例如生态移民中乡（镇）政府直接面对移民对象，在搬迁过程中会遇到各类意想不到的问题，导致生态移民搬迁无法推进，然而县政府实施以结果为导向的管理机制。承担生态移民搬迁任务的县级政府，包括迁出地和迁入地县级政府，虽然原则上遇到问题要求协商解决，但是各政府都有自己的利益要求，一般很难达成共识。生态移民项目虽然有专项资金，但是对于不足部分自治区政府要求迁入地基层政府给予相应的配套，迁入地基层政府为了降低成本，把一些移民安置点建在条件较差的地区，然而民众在选择迁入地时，更愿意选择自然环境和经济社会发展较好的地区，生态移民中形成搬迁难以推进的"僵局"。

移民中各文化亚群体也增加了民众与政府"谈判"的困难。政府旨在通过移民搬迁削弱宗族势力、家族势力，因此实行插花安置，然而有些文化亚群体不愿搬迁到以其他文化亚群体为主体的村庄。政府规划了混合居住模式的空间结构布局，旨在促进民族交流与团结，构建和谐民族社区，结果不但给双方的生活带来了不便，还产生了许多纠纷。

民众与基层政府"讨价还价"的逻辑顺势传递到基层政府与自治区政府之间，以此类推。再加上信息掌握得不对称，基层政府向自治区政府汇报工作时尽力将困难说大，从而获得自治区政府的同情与支持，形成上下级政府之间的"谈判"空间。

第二节 乡村社会发展趋向

从总体性历史观看，社会发展的必然规律是从传统走向现代、从低级走向高级，在这个发展过程中经历了若干个阶段，政府的"现代化规划"项目能够缩短社会进化的历程。我们今天所追捧的"发展"概念是20世纪的产物，在二战以后随着世界经济、政治格局的调整，以现代化理念为基础，以工业化为抓手，实现经济的高速增长这一目标被提上各国的议事日程。托马斯（Thomas，2000：29-41）区分了发展的三个方面：发展是理想的社会存在状态；发展是引导社会变迁规划性的过程；发展是各政府部门、机构有目的地改进各项措施。20世纪50年代以后，现代化发展浪潮席卷全球，在速度、深度、广度等方面不仅影响了"第一世界"国家，也波及了"第三世界"国家，围绕"经济社会结构变革"的方式，各国内部讨论激烈（Wallerstein，1976）。

在以经济增长为主的工业化外壳下，人们更注重"发展"的政治经济学内涵，往往忽视"发展"所建构的世界新图景，这就是"中心—边缘"国家之间的"依附性"关系。发达国家控制着世界发展格局的话语权，整个世界被用现代与传统、先进与落后、文明与愚昧、富裕与贫穷等二元对立的观点分类，"第三世界"国家被贴上后者的标签，向西方工业文明"取经"成为他们共同的目标。此后，沃勒斯坦（Wallerstein，1976）的"世界体系理论"吸收"依附性"关系理论，在对世界政治经济结构分析的基础上嵌入"半边缘"视角，讨论中心、边缘、半边缘之间的相互关系。发展是一个整体关联的问题，极端现代化规划必然伴随着生态环境的恶化与文化多样性的消解。

比较现代国家"综合发展观"与"规划现代化观"（谢元媛，2010）的差异性不难发现，发展中国家比发达国家面临更加严峻的生态环境问题、贫困问题。土地荒漠化、沙化，草场退化，工业污染，水资源短缺，贫困人口增加，扶贫开发进入"攻坚阶段"等成为困扰"后发展国家"的难题。国家是生态环境的保护者、扶贫开发的主导者和经济建设的行动者，如何实现"可持续发展"、践行"科学发展观"是对国家主导的规划现代化发展"理念"的反思。在国家自上而下的治理结构体系中，规划现代化发展蓝图对贫困落后地区的"病理性诊断"，摈弃了地方性知识传统，照搬西方科学知识（Hobart，1993；转引自荀丽丽，2012：175），无疑是简单的，易引发社会冲突。

一 乡村社会的"依赖性"

乡村社会发展与国家发展战略同步推进，并依靠国家政策倾斜重点发展。从整个生态移民看，国家与乡村社会的关系发生了很大变化。在搬迁前，宁夏南部山区乡村社会经济发展落后，长期依赖政府"救济式"扶贫，艰难维持生活。农民依靠自然资源过着自给自足的生活，收入少，支出也少，形成相对封闭的社会，国家权力很难进入。各级政府通过实施修建公路、农田基本建设、打生活水窖、"村村通"工程等扶贫项目进入乡村社会，在某种程度上还是"计划经济"的产物，并没有彻底改变乡村社会结构，只是在乡村社会中增加一点额外"元素"，乡村社会的秩序没有改变。生态移民搬迁打破了这种秩序，激活了乡村社会的力量，民众动用各种资源与政府"对话"。从移民角度看，民众都希望通过政府搬迁改变贫困落后的面貌，同时对未来生活充满忧虑；从政府角度看，移民搬迁有扶贫开发、生态修复以及实现现代化等多元目的。在实施生态移民的过程中，自治区政府规定了户籍界定日期，基层政府采取"组织化动员"，通过口头协议要求村民新、老户籍合并后方可搬迁，没有出台正式文件，但是村民要求以"红头文件"形式的"制度"为搬迁政策的依据。对于村民的要求，基层政府的官员无法满足，村民并不认可基层政府"正式权力非正式运行"的"变通"做法，要求"正式权力正式运行"。

在生态移民搬迁以后，移民被安置在规划整齐的移民村庄，家庭结构、经济生活方式被置入清晰可见的空间（杨云彦等，2008）。乡村社会的发展依赖于国家政策的扶持，政府实施了一系列扶贫政策，包括技能培训、劳务输出、项目扶贫等。同时，民众直接经历了从自然经济向商品经济的跨越，"挣钱容易，花钱快"是他们的深切体会。

二 乡村社会的"异质性"

乡村社会的主体是一个"异质性"很强的群体，村民的利益诉求有很大差异性。居住在自然环境恶劣地区的群众积极支持国家生态移民政策，搬迁的意愿很大，可称作"积极移民"；居住在水源涵养地区或地震断裂带的群众由于资源相对丰富、环境条件较好，没有搬迁的意愿或搬迁意愿较小，基于国家生态保护或民众安全考虑被强制搬迁，可称作"消极移民"。这两类移民面对的是国家相同的移民政策，包括搬迁区域、户籍政策、新村规划等。

第一种类型是"积极移民"的不满。积极移民同意搬迁，移民对于政府的搬迁规划积极配合，但是对政府的后续发展政策有些不满。移民搬迁不仅仅是空间结构的位移，更是生活轨迹的转换，他们变成没有土地的农民，而对于山区民众来说更为熟悉的是耕作和养殖业。在政府对移民的收入规划中，主要收入来源是"务工"，在市场经济体制下，企业对工人有年龄、文化程度、技能等方面的限制，这些条件是移民群众的"软肋"。有移民抱怨说："是打工的在老家也能打工，难道非要搬迁吗？"

第二种类型是"消极移民"的不满。消极移民在某种程度上是被迫搬迁，他们对搬迁的不满扩展到对"政府规划的不满"。在生态保护和扶贫开发的现代话语中，居住在水源涵养地的群众被视为生态环境的破坏者，被贴上了"封闭、保守、落后"的标签。移民将在迁入地的遭遇转化成对政府的不满。

利益诉求的差异性还体现在不同民族的移民之间。

第一，汉族移民群体的利益诉求。汉族移民的诉求主要集中在生产、生活方面。移民使传统乡村农耕文化与现代城市工业文化产生碰撞，一方面移民群众自觉或不自觉地保留以前的生活习惯，另一方面移民群众不得不面临城市生活节奏的冲击，包括消费结构、社会关系等。

第二，回族移民群体的利益诉求。回族移民的诉求除生产、生活方面之外，还有宗教文化方面。宗教文化生活是回族群众精神文化的重要部分，既建构了回族群众的世界观和人生观，又延伸到日常生活中，形成了特有的文化。回族群众在山区生活时文化结构相对单一，在城市遇到各方面的"冲击"。

三 未预结局

生态移民是政府旨在使搬迁对象过上美好生活的行动，却遭到了一部分搬迁对象的抱怨、误解，违背了政策初衷。这是社会行动的"unintended consequence"现象，即"未预结局"或"意外后果"。罗伯特·默顿（Merton，1976）在《有意图的社会行动之非预料结局》一文中，从功能主义和知识社会学的角度系统阐释了"unintended consequence"概念。他指出社会行动的意外后果有三种类型：潜功能、自证预言、自毁预言。意外后果是"既非意图且非意料后果"，不包括"事先意料到的非意图"，是行动者没有预想到的，甚至与行动者的初衷相违背。在默顿之后，吉登斯和贝克进行了专门的讨论，吉登斯（2016）将行动的"unintended consequence"引入结构化理论，分析现代社会的意外和风险，提出"行动非预料后果"存在的可能：接续效应、不合人意的效应、下一步行动未被认识到的条件。贝克基于社会分层和社会分化理论解释行动者的意外后果和风险，认为"现代性从工业时期到风险时期的过渡是自主的、意料之外的、不受欢迎的、强制性的"，现代社会已进入"自反性现代化"阶段（转引自刘玉能、杨维临，2008）。由此可见，"风险"是现代性的内在特征，"风险社会"是现代性的一种未预结局。

默顿的中观理论"unintended consequence"经过社会学家的扩展延

伸，成为社会行动研究的一个理论范式。景军应用这一概念讨论公共政策实施和社会行动，他在《移民、媒体与一位农村老年妇女的自杀》中将社会行动的"unintended consequence"译为未预结局，认为行动的结果不是行动者刻意制造的，而是没有预料到的后果，它不是简单的意外事件，毕竟与行动者的意图有直接或间接的联系（Merton，1976；Blok，1976；Elias，1969；景军，2003）。梁宏信、何飞（2016）研究了壮族社区信仰的断裂与重拾，认为乡村民间信仰生活受经济、政治、文化因素的影响，大规模的由断裂到接续的未预结局，展示了"割而不舍、舍而未断"现象，同时探寻了其背后的社会力量与民众社会生活之间的关系。

一部分移民认为搬到迁入地后"优惠待遇"减少了。一方面，从山区到川区的搬迁，使移民群众失去许多在山区享受的优惠待遇，包括中小学生的免费营养午餐、"少生快富"政策对父母的补贴、最低生活保障、医疗救助、新农合补助、妇幼卫生"六免一救助"、养老保险等。从山区农民到川区农民的"跨越式变迁"，对于移民群众来说，无论是心理上还是行动上都无法接受，更重要的是他们的生活遭遇现代化市场经济的冲击，他们赖以生存的手段在川区失灵，又不具备在城市谋生的技能和策略。另一方面，政府主导的"互嵌式"移民社区建设，对于移民群众是一种挑战，影响了他们的生活方式、行为结构。政府"美好意愿"的规划，并没有迎来和谐、美满、幸福的共生乡村，而是产生了未预结局。

第三节 乡村社会振兴建设

一 乡村治理结构

对国家与社会关系的研究有三种路径。首先，基于安东尼·吉登斯（1998a）的"民族—国家"理论影响，强调纵向的国家自上而下的管理体系，国家政治权力不断向乡村社会渗透，横向的乡村社会呈现"蜂窝状"松散结构，国家以"全能主义"（邹谠，1994）的形式垄断了乡村社会的所有职能，国家吸纳了乡村社会，强大的国家组织权力结构直接治理乡村社会中个体的人。其次，在克利福德·吉尔兹（2004）的"地方性知识"的话语体系构架下，视乡村社会为没有受到国家"干扰"的净土，乡村社会完全依靠血缘、宗法相互联结，维持自然的自我治理状态，国家与乡村社会之间没有中介的"政治输入功能"（陈潭，2012：136）。最后，黄宗智教授（2007）的"第三空间"。他认为无论是"民族—国家"理论，还是"地方性知识"的话语，虽然在中国都能够找到对应的案例，但是不符合传统上国家对于乡村社会的治理实践，因为在二者之中存在"不完全属于政府或民间社会"的"空间"，该空间又受到两者的影响，被称为国家对乡村的"简约治理"，即依靠地方乡绅、士绅、乡村精英联结政府与乡村。实际上，简约治理赋予地方性规范以合法性，通过乡村社会内部的自治实现国家的治理，故李怀印（2008）认为是"实体治理"。

在现代社会，在市场经济和西方现代文明冲击下，多元主义元素充斥着国家与乡村社会的各个方面。一方面，中国的"强国家、弱社会"的基本结构主体没有改变，以生态移民搬迁为例，国家依然主导其规划、搬迁、实施及后续发展的整个过程。另一方面，"强国家"的"强"与"弱社会"的"弱"相较于改革开放以前已经出现很大的变化，社会的自主性在增加。乡村社会主体——农民的公民权意识逐渐增强，政府应积极引导农民公民权的有序发展，形成"国家主导与社会自主"（陶建钟，2014）相结合的复合治理格局。政府依然是社会发展、治理的主导力量，但也需要强有力的社会和灵活的市场弥补，构建多元角色互动的乡村社会治理模式，发挥纵向国家动员机制与横向社会协作化网络机制。

从政府角度看，多元角色互动社会治理是政府在处理乡村事务的过程中，摆脱科层制形式的自上而下的管理模式，让渡权力，专注于"公共物品"的供给，管理好社会公共事务。首先，政府在培育建设新家园的精英中发挥主导作用。乡村精英泛指在乡村基层具有正式或非正式公务身份的人，他们是体制内或体制外公务活动的组织者和管理者。在社会转型时期，乡村精英的结构从"一元化"逐步向多中心结构转变。经济精英是乡村建设的带头人，然而在利益诉求多元化的现代社会，一些精英逐步撤离乡村，进城寻找新的发展出路，这种情况在移民新村尤为常见，移民新村缺乏建设新家园的模范带头人，因此政府应该积极培育。在以扶持养殖业为主的"生命庄稼"基础上，对移民进行技能培训，拓宽移民增收渠道。其次，政府要健全社会救助机制。保证极度弱势群体（包括老人、残疾人、智障、孤寡人员、单亲家庭等）的基本生活。政府救助的资金重点向生态移民区倾斜，社会慈善救助主要用于移民生活、医疗、助学及突发性灾害等。最后，政府要加强移民区公共事务管理。因移民区刚刚建立，移民流动性大，要建立健全各项制度，特别是户籍管理、教职人员聘用、财务管理等方面的制度。

从社会角度看，多元角色互动社会治理是将本来属于社会的权力转移给社会中介组织行使，应积极向乡村输入资源，建构公民社会和社会组织，实现政府与社会的纵向承接和横向连接，以应对现代性侵蚀下的乡村社会内生秩序不足。其一，积极引导移民社会合作互助组织建设，促进移民之间的磨合，如劳务合作组、农忙互助组、妇女合作组等社会协同机制。其二，发挥文化活动场所的功能，通过各种文化圈建设，寻求移民的共同体归属感（community identity formation）。其三，利用节日活动，引导移民群众聚会，变"无焦点互动"为"聚焦式互动"，增进移民之间的交流，增加信任感。

从市场方面看，多元角色互动社会治理是市场在公平竞争中对资源进行合理配置，是后工业社会中分权化、网络化的治理理念。一方面，通过移民土地合理流转、宅基地抵押从银行贷款，变移民的"静态"资源为"动态"资源。对于一些极度弱势群体政府应该尝试担保小额贷款，扶持其发展，这样既可以发展当地经济，也可以增强政府的"合法性"。另一方面，对民营资本投资生态移民地区建设并吸纳移民就业的，要给予鼓励和支持。

概而言之，如结构功能主义学者塔尔科特·帕森斯所说："社会是由相互依存的各部分构成的整体系统，各部分在系统中承担一定的功能，社会具有生存发展所必需的一些条件。"结构功能主义理论对社会治理有一定的指导价值。多元角色互动乡村社会治理，从宏观方面看，是充分发挥政府权力体系角色、市场结构体系角色和社会组织体系角色的功能，三者积极互动，实现社会治理的预期；从微观方面看，是各个要素之间，在公平、公正、公开的基础上，相互配合，各尽其能，从而建构多元分散的主体互动合作网络，以便共同管理公共事务，维持乡村社会的正常秩序。

二 乡村振兴建设

（一）乡村振兴建设的时空维度

乡村振兴既是国家行动，也是社会行动。乡村问题长期以来备受关注，在具有浓郁农业传统的中国社会，乡村问题始终是维系国家现代化建设和民生发展的根本性问题。乡村振兴战略是在研判国内外环境形势，根据经济社会发展的阶段性特征，定位国家未来发展的目标后，做出的重大决策。从时空维度上看，乡村发展取得了举世瞩目的成就，然而在现代化的过程中城乡差距逐渐扩大，乡村社会问题凸显。乡村振兴就是要从根本上解决"三农"问题，走契合现实性基础的城乡融合发展之路，构建既符合国际经验，又具有中国特色的乡村发展模式。

从时间维度上看，乡村问题是一个经典议题，受到理论探索者和政策制定者的重视。首先，在新中国成立初期，国家推行"耕者有其田"的土地改革政策，以解放农村生产力、发展农业生产，同时为实现从农业国向工业国转变的目标，引导乡村发展方向，为工业化积累资源和创造条件。其次，改革开放以后，为进一步释放乡村发展活力，驱动乡村经济发展，通过发展生产提高民众生活水平，实施了以家庭联产承包责任制为主的乡村改革，并通过乡镇企业的发展带动乡村发展。理论界也积极进行区域发展问题、城乡关系问题研究，为国家发展规划整体布局和协调发展提供理论依据。再次，进入新时期，乡村发展迎来新的机遇，特别是社会主义新农村建设开始以后，乡村基础设施和公共服务水平不断提高，人民群众生活条件持续改善,围绕乡村再造形成乡村研究的新热潮,诸如新农村建设指标体系的构建、新农村建设与城镇化协调发展等。与此同时,乡村建设还伴有具体的探索行动,主要包括美丽乡村计划、记住乡愁、特色小城镇建设等。最后,在全面建成小康社会关键期,国家提出乡村振兴战略。围绕乡村经济发展与生态、文化、社会治理的关系问题,以及城乡融合发展问题开展了多方面的研究,秉承创新、协调、绿色、开放、共享的发展理念,集中阐释时代背景、建设路径、内涵等方面。

从空间维度上看,乡村振兴战略是城乡空间结构、区域空间结构的新布局。一方面,在特定时期,国家经济社会建设有所侧重,资源配置的政策自然有所偏斜,为发展工业,长期以来大量资源和生产要素不断涌向城市,乡村对资源的汲取能力偏弱,乡村人力资本流失、社会资本缺失、文化资本缺失,致使乡村"凋敝",甚至陷入困境,城乡、工农之间的二元结构更加凸显。另一方面,在区域结构上,东部沿海地区资源禀赋优越,环境优美,交通便利,再加上国家政策的扶持,乡村经济社会发展比中西部地区、东北老工业地区要快得多。国家政策规划和制度建设虽然不断调整,诸如城乡一体化发展、西部大开发战略、振兴东北老工业基地,但是乡村发展仍然落后于城镇,西部、东北地区乡村总体落后于东部乡村。在新时代的浪潮中,破解社会主要矛盾,统筹城乡融合发展,走中国特色现代化之路,在政策体系设计上要兼顾乡村发展与区域发展,解决发展不均衡、短期化问题。国家提出坚持"农业农村优先发展"的原则,在资源配置方面从侧重城市向侧重乡村转变,从侧重工业向侧重农业或工农业双重驱动转轨,改善乡村环境,提高乡村社会发展水平。

(二)乡村振兴建设的内外资源辨析

乡村发展是一个后发外源型模式,受到国家发展战略的影响,需要国家调动政治资源、社会资源、市场资源投入乡村发展。新古典自由主义认为,经济体的经济结构内生于其社会资源禀赋结构,持续发展需要资源禀赋结构的升级。社会资源禀赋结构升级是推动乡村发展战略的关键,而资源禀赋结构升级依靠国家动员各类资源,实现技术创新、社会制度创新、基础公共设施建设。

　　1. 乡村振兴建设的外源性资源

　　其一，乡村建设的政府资源。从政治资源动员看，国家为完成某项事务，采用经济激励和政治激励措施，并放大激励结构的效应，调动基层官员的积极性。在乡村建设中通过宏观政策调整，加大乡村社会的资金投入比例，各职能部门、机构也积极响应国家战略设立相应对接部门。

　　一是乡村发展政策支持。社会政策作为政府的治理手段，通过再分配体系，满足人类需要，增进社会福祉，促进社会公平。乡村振兴中政府基于"底线公平"的原则制定政策，强调普惠、公正以及基本权利的维护，消除社会排斥，促进社会融合，并建立评估社会发展的社会核算体系。《中共中央、国务院关于实施乡村振兴战略的意见》中，明确了乡村振兴的阶段性目标、"三农"工作队伍建设要求，并细化了具体行动措施，例如农村集体产权制度改革，调整国家、集体、个体的责任和利益关系，合理分割占有、使用、收益、处分权能关系，释放农村发展活力。2019年国家在《关于建立健全城乡融合发展体制机制和政策体系的意见》中提出，"生产要素在城乡双向自由流动、平等交换"，发挥资本、土地、劳动力等资源良性循环的功能，以"融合"重塑城乡关系，为乡村振兴创造外部条件。

　　二是乡村公共物品供给。乡村基础设施和公共服务贯穿乡村振兴的始终，是乡村现代化建设的重点。《乡村振兴战略规划（2018—2022年）》提出："农村公共服务和社会事业达到新水平，农村基础设施建设不断加强。"公共服务设施包括两类：一是硬件形态，包括农业基础设施、乡村道路管网、医疗卫生、科技教育等；二是软件形态，包括信息服务、法律援助、政策咨询等。乡村公共物品供给必须"软硬兼施"、补齐短板。进入新时代国家发展的重心向乡村倾斜，有助于激发乡村发展的内生潜能，破解农民生活性公共服务问题，满足农民对美好生活的向往。在社会事业发展方面，提出具有战略性、前瞻性、可操作性的重大工程。国家年度财政预算也增加了乡村发展资金比重。

其二，乡村建设的社会资源。从社会资源动员看，主要指动员主体形成强大凝聚力，引导社会成员积极参与重大社会事务过程。在乡村振兴建设中，政府动员企业、事业单位、社会组织等，在人力、物力、资金、技术等方面给予乡村对接帮扶。

一是社会力量促进乡村振兴。随着乡村社会转型，政府既鼓励社会资本直接投资乡村事业，也应用APP模式筹资，希望用较少资金撬动社会资本参与乡村建设。企业是乡村振兴战略实施过程中重要的参与者，不仅在资本市场上直接融资，增加乡村振兴的资金投入，而且带来知识、技术和人才。企业拥有完整产业链、组织化程度高、品牌效应强，通过与村民合作，解决村民困难，带领村民致富。例如企业投资乡村旅游、农产品深加工，流转土地，集约经营，实现乡村开发。除此之外，企业应用市场机制既向乡村提供产品和服务，又购买乡村产品和服务，支持乡村可持续发展。

二是社会公益组织促进乡村振兴。社会公益组织具有非营利性，通过项目、人员等"嵌入"乡村社会，可以专注于项目建设活动，赋能政府难以延伸的空间，例如引导村民在民主政治建设、社会服务、乡风文明建设、文化道德等多方面提升，促进社会平衡发展。社会公益组织参与乡村共治，可有效促进政府职能向有限政府转变，也能搭建起政府、社会和乡村之间的共享平台，在互动中建立起与这些主体之间的信任，能够沟通、协调、集聚资源，过滤出有益于乡村发展的项目类型。

其三，乡村建设的市场资源。从市场资源动员看，国家通过制度建设、经济激励措施，帮助现代市场完善新型组织，鼓励市场资源进入乡村，并给予减免税收、资金扶持等方面的优惠，来带动乡村发展。国家也不断健全乡村市场机制，主动对接现代市场资源，促进乡村发展。

一是乡村市场化改革。乡村市场化是在乡村经济行为中，社会资源由市场机制合理配置，构建农民行为和意识的市场化，建立市场体系，规范市场秩序，确立市场运行机制。乡村市场化与乡村工业化衔接，与农民组织化贯通，让城市文明融入乡村，带动乡村经济社会发展。乡村市场化与金融发展衔接，构建供给与需求、市场与政府之间的平衡关系。在乡村市场经济供给领域，改革产权、生产、交易和分配制度，构建高效、有序、绿色、文明的市场制度环境，优化农业、农村资源的配置。例如，通过农村集体产权制度改革，建立适应现代市场规律的农村集体经济合作组织；通过农村土地"三权分置"改革，盘活土地资源。

二是乡村建设市场融资。2018年中央一号文件强调"引导和鼓励工商资本下乡投向农村建设"，这是工业反哺农业、城市支持农村的重要体现。土地、山林、河流等硬性资源和传统民俗、农耕文明、民族文化等软性资源，被整体打包开发，拥有了资本的属性，用于吸纳市场资本参与乡村建设，在带来发展资本的同时，为乡村注入新的发展要素，诸如产业项目、技术人才、知识理念，有助于提高农业技术水平，促进产业发展和现代化。例如"互联网+"技术可实现城乡资源互联互通，满足农民对技术资源的均等化需要，贯通农业社会化服务渠道，使农业生产深度融入市场，促使农副产品参与市场，打通销售新通道。市场资本也能为新型职业农民培育提供新动能，重构农村的知识体系，拓展农民的互动空间，实现农民现代化，进而重塑乡村生活结构。

2. 乡村振兴建设的内源性资源

詹姆斯·C. 斯科特认为大型项目建设要关注"支撑复杂活动的实践技能"，它蕴含着不易习得的实践知识、共识、经验、本领，斯科特称之为"米提斯"（metis）。其特点有三：一是本土性，就是"地方性的和有特殊环境的东西"；二是实践性，即在"实践和经验中学习"是"个人技能、感觉和实践的结果"；三是特殊性，即在"变异的、不确定的及特殊背景"下的价值（斯科特，2012：397~414）。乡村振兴建设要注重乡村社会米提斯式内源性资源的"地方性情景"，例如自然禀赋、社会环境、文化环境。

其一，乡村自然地理要素，也就是资源禀赋，主要包括自然资源、环境条件、生态系统、地理区位结构、经济生活状况等。中国幅员辽阔，地形地貌结构复杂，农村因环境结构差异呈现异质性特征。基于资源结构禀赋程度不同，农村大致可分为四类：种养、自然、人文景观资源均丰富型；种养资源丰富，但自然、人文景观资源稀缺型；种养资源稀缺、自然、人文景观资源丰富型；种养、自然、人文景观资源均稀缺型（郑风田、杨慧莲，2019）。乡村振兴在资源结构禀赋基础上，因地制宜，制定不同的发展策略，或者融合第一、二、三产业，或者耦合城乡系统，或者吸纳乡村精英，挖掘资源潜力，合理布局，提升资源价值。

其二，乡村社会文化要素，主要指风俗习惯、人文环境、社会互动方式、独特的生活情形，以及审美价值取向等。在社会转型时期，各地区经济、社会、文化发展不平衡，区位优势和经济优势明显的东部地区，工商业机会多，能够积极吸引社会资本参与乡村建设。中西部地区虽然经济资源稀缺，但是某些地区文化资源丰富、乡风淳朴，也能够凝聚乡村认同，共同发展。此外，乡村建设要激活乡村公共性，随着社会加速转型，乡村共同体逐渐瓦解，传统社会关系驱动的公共性生产机制渐渐失效，转而通过现代因素驱动公共性的再生产。怀揣回报桑梓"乡愁"的社会精英，认同乡村文化、价值观，愿意投资乡村农业生产、公共产品供给、生态建设、乡村治理等。并且社会精英治村具有较高的合法性，不仅受到基层政权的青睐，而且得到大多数普通村民的支持（吕德文，2018）。

其三，乡村人文心理要素，在特定地区、特定乡村社会文化环境中长大成人的民众，是乡村社会发展中最根本的内源性人力资本。党的十九大报告指出，培养一批"懂农业、爱农村、爱农民"的现代农村建设队伍。在乡村发展的巨大压力下，在能人治村、富人治村的话语结构中，鼓励成功人士回馈家乡，带领乡村致富的各项措施在地方政府应运而生。乡村精英治村有特殊的经济资本和社会资本，地方政府要升级基础设施建设和基础性社会制度的资源结构禀赋，输入资源，开展乡村建设和公共治理。"领土—文化"认同能够反映村民的家园领土意识和归属感，体现自身的地方性表征与社会身份特征，是连接乡村精英的心理纽带，可形成关系网络，推动乡村发展（张文明、章志敏，2018）。诚然，认同构建的来源既包括发展利益的共享，也包括乡村文化材料与景观。也就是说，新型乡村建设主体的引入，必须建构在"共赢"基础上，符合"共享"发展理念。

(三)乡村振兴建设内外资源聚合转换结构

聚合是指将分散的东西聚集到一起,然后进行内容挑选、归类,最后分析得到人们想要的结果。刘敏(2000)在《山村社会——西北黄土高原山村社会发展动力研究》中提出,欠发达地区社会发展存在内源动力和外源动力的聚合转换问题,分为外源动力输入阶段、内外源动力聚合阶段、内源动力扩张阶段。他认为没有外源动力的输入,欠发达地区的发展不可能启动,外源动力的输入是为了激活内源动力,实现社会转型,最终达到内源扩张型发展。一般来说,内源性资源是地方禀赋,外源性资源由政府、市场及社会组织提供。在乡村振兴建设中要将外源性资源与内源性资源聚合,调整地方行政机构与乡村社会的互动模式,使"二源资源"转换,产生聚合反应,生成新动能,促进资源优化配置,达到乡村社会发展的目的。

1. 国家整体规划与地方自主探索聚合转换

其一,通过目标定位确定发展方向。从国家与地方的关系框架看,在资源配置和政策制定上,国家采用弹性的宏观结构,制定乡村振兴的规划要求、目标任务和行动计划,调拨和分配资源,协调部门利益。地方政府制订区域中长期行动计划,分配国家专项资源,调拨区域资源,推动和督促具体行动。例如国家提出深化乡村改革意见,地方政府制定具体细则,以激活乡村发展活力,诸如通过农村土地承包"三权分置"改革,盘活农村固有资源,建立关于法制、组织、人才投入的长效机制。《中共中央、国务院关于实施乡村振兴战略的意见》明确了三阶段任务:2020年形成制度框架和政策体系、2035年基本实现农业农村现代化、2050年全面实现农业强、农村美、农民富。乡村振兴的目标定位契合决胜全面建成小康社会,实现第二个百年奋斗目标的两阶段战略安排。依据国家战略规划和文件精神,地方政府获得一定的自主权,审视地方乡村自然、文化资源的独特性与潜在的竞争性,确定具体发展措施,国家通过赋权地方激发自由探索的积极性,依区域间的异质性因地制宜自主建设乡村。

其二,通过绩效考核引导发展方式。乡村振兴绩效考核治理机制,体现了实现公共价值合法性的本质规定，国家构建科学的绩效评估体系，激发乡村振兴的活力，助推政策制度贯彻实施。《中共中央、国务院关于实施乡村振兴战略的意见》指出："建立市县党政领导班子和领导干部推进乡村振兴战略的实绩考核制度，将考核结果作为选拔任用领导干部的重要依据。"一方面，确保乡村振兴绩效考核目标统一。通过整体性治理解决公共问题，在乡村振兴的主体结构上强调不同部门之间理念、方式和资源方面的协调与整合。国家资源配置政策向乡村倾斜，乡村发展空间机会增大，随之社会资源、现代化要素逐渐涌入乡村，打破了传统乡村社会以地缘、血缘和宗族为基础的内在"基因排序"，乡村社会秩序面临失衡的风险。国家对不同功能主体之间的目标绩效考核机制，可促进部门、政策等有效衔接，以防乡村社会失衡，进而提升乡村整体发展水平，避免"有增长而无发展"的"内卷化"困境。另一方面，避免乡村振兴绩效考核"靶向"偏离。依据政治生态的激励范式，上级政府把任务分配给下级政府，采用绩效排名和择优提拔的办法选择晋升官员，调动其工作积极性。乡村振兴建设既有国家集中的统一规划，也有贴合地方实际的多元发展，但是地方政府自主探索容易诱发机会主义，避免乡村振兴陷入失序状态，造成国家权威与地方自主的均衡性困境，将第三方的绩效考核成绩与政治晋升挂钩，既能体现公平公正，也能确保乡村振兴建设"靶向"精准。

2. 乡村主体建设者与参与建设者聚合转换

其一，乡村建设者旨趣的协同整合。乡村振兴建设中，无论是在原有基础上的乡村建设，还是通过扶贫移民、生态移民搬迁重建乡村，都要重塑国家与乡村社会的关系，在国家力量"重塑"乡村社会的进程中，构建多元行动主体共建、共治、共享、共赢的格局。在发展过程中，不同资源主体持有的立场不同，看待问题的视角各异，出现分歧在所难免，建立有效的沟通协调机制是高校发展的关键。一方面，村民居于乡村振兴建设的内核地位，是乡村建设的主体，无论是国家对乡村的政策支持、资金投入，还是社会参与乡村建设，最终目标都是驱动乡村发展内核的提升，实现农民现代化，增强农民的创造能力。另一方面，乡村社会的发展离不开市场和社会的广泛参与，市场通过资源的优化配置，促进资金、技术、人才等要素向乡村流动，促进乡村经济社会发展和现代化转型。国家要积极构建表达和评议的制度环境，畅通农民表达自身的利益诉求的渠道，使其有效参与决策过程。避免出现"乡村运动而乡村不动"的现象，推动乡村多元行动者之间的合作共赢。

其二，乡村建设者利益的协同整合。乡村振兴建设要调动乡村建设的多元力量，包括政府资源、农民资源、企业资源和社会资源，建立经济共享、生态共享、社会和谐共享的保障机制。农民是最主要的乡村振兴建设"利益相关者"，提高农民参与乡村建设的积极性，将他们的生活经验、实际技能等特殊的"米提斯"投入相关的项目中，发挥他们的主动性和创造性。政府不但要引导社会资源为乡村振兴建设捐赠物资，鼓励企业投资项目，开展乡村建设和公共活动，也要构建完善的体制机制，谨防社会资本主体借助乡村开发项目、基础设施建设，下乡圈地赚钱、与民争利。同时确保社会资本获取正当的收益。在乡村发展中建立主体建设者与参与建设者的"共赢"机制，实现各方利益均衡，体现社会公平正义。

3. 正式组织与非正式组织聚合转换

其一，促进乡村建设平衡发展。乡村振兴建设需要多元组织合作推进，既有来自正式组织的资源，例如资金、人才、项目，也有来自非正式组织的资源，如信任、威望。只有正式组织与非正式组织通过互动合作寻找两者之间的某种均衡状态，才能实现乡村发展的"帕累托最优"。中国乡村的状况千差万别，农民利益诉求各异，正式组织使各方力量"机械团结"，向乡村输入大量的资源，包括资金、物品和项目。乡村社会对正式组织输入的资源的承接能力有限，基层政府作为乡村建设的行为主体，在资源配置上拥有自由裁量权，更倾向于选择能够呈现成绩的村庄来实施项目，导致资源禀赋较差的村庄难以获取发展资源，更加脆弱。非正式组织在乡村建设中更多发挥"有机团结"的功能，以公益性为目标，在某种程度上能够精准进行项目定位。

其二，促进乡村建设共生发展。在现实条件下，非正式组织在聚集人力、财力和物力的方法方面与政治机遇和束缚有非常密切的关系，必须通过与正式组织建立纽带关系，才能获得政府等正式组织对其合法性及政治影响的认可，政府则依靠非正式组织与社会的紧密联系，了解更多的基层信息。正式组织结构单一，是乡村发展的主要资源供给者；非正式组织结构灵活，"嵌入"乡村社会，以公益性赋能乡村发展，如农村合作经济组织、农民自发维权组织、环保公益组织、医疗公益组织能够汇集多种资源满足群众利益诉求。因此，乡村建设中非正式组织与正式组织要交流沟通、共生发展。正式组织帮助非正式组织扩大社会影响，凝聚农民群众，实现正功能；非正式组织在正式组织制定乡村发展政策时积极建言，传递农民的价值诉求，使得共同目的能够被接受、信息交流成为可能、互相协作的精神状态得以达到。

（四）乡村振兴建设内外资源的聚合转换前瞻

从宏观方面看，乡村振兴是国家重要战略部署，是新时代"三农"工作的总抓手。乡村振兴既要借鉴世界发展国家取得的经验，也要立足国情形成符合实际的中国模式。一方面，乡村振兴战略批判反思了西方发展主义在乡村经济社会文化发展方面的表征，也就是工业和城镇中心主义对农业和乡村的消极影响。该战略是对探索中国特色的本土化优势的乡村现代化之路做出的政策性安排，即建立政府主导的、以农民为主体的、全社会参与的协同实践模式。詹姆斯·C. 斯科特（2012：439）提出，国家干预和改造社会要放弃极端现代主义。结合国家对乡村发展的规划与资金投入，社会资本对乡村的投资等外源性资源，乡村自然资源禀赋和社会环境、文化环境等内源性资源，因地制宜，促进内外资源的聚合转换，生成强大的新动力资源，最终达到农村发展的内源驱动扩张。

另一方面，乡村振兴战略是马克思主义公共性思想在新时代创新发展的具体实践。虽然马克思的著作没有直接论述社会公共性，但是其思想实质强调"人的本质的社会性和人的发展条件主要指社会的公共性"，涵盖真正共同体、公共利益、公共实践，致力于满足对"人类生存的美好向往"（郭湛、王维国，2009），既包含物质生产力的丰富，也包括精神世界的解放，人与社会、人与自然以及人与人之间共在、共生、共享。现代政府是公共性发展的载体，公共性是政府的行为指南，政府立足于人民群众的根本利益，通过深化改革与转变政府职能，持续推进发展转型，不断满足人民对政治、经济、文化等美好生活的追求，而公共性思想正是着眼于人民群众美好生活的现实需求动力。乡村振兴战略是"美丽中国"建设的一部分，在美丽中国建设的布局框架下，依据既定的"时间表"和"路线图"，结合区域资源禀赋结构和社会结构，立足于革命老区、民族地区、贫困地区、边疆地区的实际，外源性资源和内源性资源的聚合要有组织、有程序、有计划地推进，国家要有开阔的视野与非凡的智慧，克服可能遭遇的实践困难，地方要不断探索与总结经验，民众要充分包容与耐心等待。

从中观方面看，乡村振兴战略提升了政策、制度在各领域之间的协同性和耦合性。一是乡村振兴战略的政策体系建设。优化乡村振兴建设的政策体系，防止过度形式化、行政化，补齐乡村发展的现实短板，破解突出问题。政府统筹布局乡村振兴的政策制度体系和引领机制，并通过国家动员逐级实施。统筹乡村振兴的全局工作，同时处理好政府主体、市场主体、社会主体在乡村振兴中的公共性。在个人利益和公共利益的平衡中秉持公共精神，在追求公共利益和恪守公共价值中实现个人利益。经济发展是乡村振兴建设的前提，全面深化改革以带动农村经济结构转型升级，健全市场机制以奠定乡村振兴的基础性条件，以农业供给侧结构性改革为主线创造良好的投资政策环境，逐渐转换经济动能，实现乡村繁荣。长期以来城乡发展不平衡，乡村资源结构禀赋较差，特别是城镇化、工业化的深入推进使城市拥有更大的发展空间。乡村资本、劳动力以及人才等要素因选择利益最大化而流入城镇。要扭转乡村资源流动"逆差"趋势，就要注重赋予乡村发展新的动能，提升乡村的竞争力，营造有利于资本、人才、科技等生产要素回流乡村的政策环境，架构乡村振兴建设的桥梁。

二是乡村振兴战略的"法治乡村"建设。在国家现代化的征程中法治是治国理政的基本方式，"法治乡村"是乡村振兴话语体系的新表述，也是推进乡村振兴战略的重要保障。法治乡村建设有助于实现外源性资源中的国家法治建设、公共法律服务体系建设与内源性资源中的民间规范、村民自治、乡村德治良性协调互动。乡村社会的发展轨道浸润在法治之中，如约束乡村公共权力，规范乡村事务，强化对基层干部的法律责任追究和民主监督，净化执法环境。随着乡村社会的发展变化，部分与农业、农村相关的法律相对滞后，某些领域亟待依据乡村实情健全法律法规制度。加大乡村普法宣传，落实国家安全观，维护国家政治安全和乡村社会稳定，化解乡村社会新矛盾，健全乡村公共安全治理机制，保护人民群众人身和财产安全，以新发展理念为指导，维护乡村社会公平正义，确保经济社会发展，促进乡村"有效治理"。

从微观方面看，乡村振兴战略要放在经济、政治、文化、社会及生态文明建设等"五位一体"框架中落实，引领全面建成小康社会、实现社会主义现代化和中华民族伟大复兴。农村现代化的过程，也是现代国家建构的过程，乡村社会的转型不仅意味着农业生产模式、农村社会结构、农民生活方式的"大转型"，还意味着乡村振兴建设的逻辑转变，实现"富强、民主、文明、和谐、美丽"的乡村新风貌。

其一，乡村振兴建设推进农业现代化。现代农业以效率为目标，构建农业产业链体系，包括产业体系、生产体系、农业服务保障体系等三个领域。首先，农业产业体系方面，要根据需求调整农业产业结构，高效利用农业资源，其中农业自然资源是天然禀赋内源性资源结构，例如气候条件、土地性质基本没有办法改变，需要农业部门协调外源性资源，科学、合理地开发利用。其次，农业生产体系需要从传统农业向现代农业转型，在社会分工精细化和农民就业充分的区域，形成适度规模的集约化经营，为农业经营体系建立基础，优化组合资金、技术、劳动力，在确保粮食等安全的前提下形成农业国际竞争力。最后，农业服务保障体系建设也是现代农业不可或缺的部分，无论是国家农业政策、农业补贴等农业扶持保护机制，还是社会化农业服务体系，都要有政府的合理引导，既要关注小农户、小型家庭农场，也要照顾较大规模的农业公司，培育多元农业新型经营主体，实现小农户和现代农业发展的有机衔接（陈锡文，2018）。

其二，乡村振兴建设推进农村现代化。一是乡村信息化建设。加快农村信息化硬件建设，政府加大信息化工程建设资金投入力度，以乡村集市为载体建设农村物联网、农村电子商务平台、农村物流中转站、快递服务机构等信息化基础设施，解决信息不对称、农村物流成本高导致的农民增收难问题。加快农村信息化软件建设，也就是懂现代科技、信息技术的乡村人才队伍建设。在信息网络技术发展下，乡村建设、农业发展都离不开致力于发展乡村事业、掌握网络金融知识、引导脱贫致富的新型"三农"工作队伍。无论是在保证基本耕地红线不突破、土地公有制性质不变前提下，落实"三权分置"制度改革，合理推进土地流转，以适度规模经营为主的农村土地制度改革，还是旨在增加农村发展活力、促进农民资产性增收的农村集体产权制度改革，都涉及政策、资金、法律，需要由新型"三农"工作者进行指导，维护农民的合法权益。二是乡村公共服务体系建设。构建共建、共治、共享的乡村社会治理格局，切实提高乡村公共服务水平。共建就是多元主体共同参与乡村社会事业、乡村社会法治建设；共治要求共同参与乡村社会治理，使完善村民自治和政府推进多元参与乡村社会治理相结合，补齐乡村治理结构短板；共享就是实现广大人民群众的根本利益，共同享有乡村治理成果。建立健全城乡融合发展、协调发展机制，在公共服务体系建设方面完善体制机制和政策体系，按照中央"三步走"实现方略，探索城乡户籍制度、用地制度、金融服务等公共服务的均等化和现代化。

其三，乡村振兴建设推进农民现代化。现代化的终极目标是人的现代化，农民现代化是乡村振兴的关键，发展农业、建设农村，离不开农村和农业的行动主体——农民，要实现农民价值观念、思维方式、行为模式以及生产生活方式的现代化转型。农民的现代化转型要认识现代化意识产生的能动性，进而引导农民实现现代化。现代化意识根据动力来源可分为两种类型：一是内源性现代化意识，指现代化主体能自觉、主动、清晰地意识到现代化的本质和规律，能理性改变旧的社会结构；二是外源性现代化意识，指现代化主体从被动、不自觉回应现代化因素到自觉主动地接受，并形成内生力，或者对外来现代化只是应对，意识不到现代化规律，内心无法接受（高丽萍，2007）。农民的现代化意识一般表现为外源性的，小农经济支配下的小农意识表现为民主法治意识淡薄、诚信意识较差、农业劳动技能粗放、科技意识差。乡村振兴发展要培养乡村发展的内生动力，将农民的内、外源性现代化意识整合，使他们主动接受现代化转换，能够适应并创造有利于乡村发展的现代化环境要素。一方面，在理念上培养农民的现代化意识，摒弃传统发展理念，形成可持续发展观。加强文化教育体制改革，如落实职业教育、技能教育，以民主法治意识建设为载体，打造共建、共治、共享的乡村社会治理格局，建立新型乡村合作社，构建农民组织集体，应对市场变化的风险。另一方面，在实践上保障现代化发展的有效性。坚持求真务实的态度，使农民的内源性现代化意识付诸实践，塑造乡村振兴发展的新主体，对具有现代化意识的乡村精英、乡村干部、乡村能人，政府通过制度现代化和规范现代化建设，引导他们成为乡村振兴建设的带头人，进而推进乡村发展的现实性。

附录一 生态移民搬迁访谈提纲

一 生态移民群众访谈提纲

1. 被访者的姓名、性别、年龄、民族、文化程度、职业。
2. 被访者的家庭结构及各自从事的职业。
3. 您对生态移民政策了解些什么？
4. 您对生态移民的总体看法是什么？
5. 您对生态移民群众上访的看法是什么？
6. 搬迁前政府的承诺是否在搬迁后兑现？
7. 您认为生态移民搬迁时政府应该怎样做？
8. 您认为政府在生态移民迁入地发展规划如何？
9. 您对村干部工作的看法是什么？
10. 您是否是自愿搬迁的？为什么？
11. 您搬迁前来过安置区吗？为什么？
12. 您搬迁前与政府签订搬迁协议了吗？
13. 迁入地移民群众之间相处的关系怎样？
14. 在迁入地最大的困难是什么？
15. 在迁入地遇到困难找谁帮忙？为什么？
16. 在迁入地土地分配情况如何？
17. 对在迁入地以后的生活有何打算？

18. 您参加政府组织实施的移民技能培训了吗？为什么？

19. 生态移民搬迁前后村民关系怎样？有何变化？

20. 生态移民搬迁前后的住房情况有什么变化？

21. 生态移民搬迁前后生产、生活方式和婚丧嫁娶习俗的变化是什么？

22. 生态移民搬迁前后家庭收入主要来源及其变化是什么？

23. 您认为生态移民搬迁好的方面、不好的方面各是什么？

24. 生态移民迁入地与迁出地的环境变化是什么？

25. 如果再次让您选择，您会选择生态移民搬迁吗？为什么？

26. 您对回族和汉族移民杂居的看法是什么？

二　政府官员访谈提纲

1. 宁夏南部山区概况、经济社会发展状况、生态移民规划情况。

2. 银川市永宁县 M 镇发展概况、移民安置情况。

3. 近年来宁夏南部山区的农田基础设施建设情况、移民搬迁后处理办法。

4. 近年来宁夏南部山区农村公共设施建设情况、移民搬迁后处理办法。

5. 访谈对象的姓名、性别、年龄、民族、文化程度、职务。

6. 国家是怎样对待宁夏生态移民搬迁规划的？

7. 政府实施生态移民的目标、预期的效果、实际效果如何？

8. 政府对生态移民迁入地发展规划，如移民的生产、生活规划是什么？

9. 政府是如何确定生态移民的迁出地乡镇、村庄的？

10. 政府确定生态移民迁入地安置点的依据是什么？

11. 政府是如何动员老百姓搬迁的？如规划会议、动员大会、政府承诺。

12. 政府规划的生态移民经济收入主要来源是什么？
13. 政府对移民群众宗教场所建设、坟地建设如何规划？
14. 政府安排回族移民和汉族移民混合居住的期望是什么？为什么？
15. 政府对生态移民留守户的处理措施是什么？
16. 政府组织实施的生态移民群众培训项目有哪些？效果如何？
17. 生态移民安置房建设的标准和依据是什么？
18. 生态移民中遇到了哪些问题？政府怎样解决的？老百姓的反应如何？
19. 生态移民迁出地土地处理办法是什么？依据是什么？
20. 生态移民迁入地土地是如何流转的？存在哪些问题？
21. 生态移民户籍管理办法中，户籍界定日期的根据是什么？为什么？
22. 生态移民在迁出地与迁入地享受的低保、社保、小孩免费午餐等有何变化？
23. 生态移民群众中确定有土安置与无土安置的标准是什么？
24. 生态移民规划中存在的问题是什么？
25. 您对生态移民中基层政府断水、断路、断电的看法如何？为什么？
26. 您对生态移民群众集体上访的看法是什么？
27. 您认为村干部在生态移民搬迁中、搬迁后发挥了怎样的作用？
28. 您对生态移民的总体看法是什么？
29. 您认为生态移民搬迁中政府应该怎样做？

附录二 访谈对象一览表

一 政府官员（24人）

表1

序号	代码	性别	工作单位与职务	访谈地点
1	ZMZ	男	宁夏移民局副局长	办公室
2	WYK	男	隆德县移民办副主任	规划移民搬迁村
3	SYZ	男	原州区三营镇镇长	三营镇会议室
4	XW	男	宁夏移民局规划处科员	办公室
5	FX	男	隆德县副县长	副县长办公室
6	MXH	男	隆德县移民办主任	办公室
7	MSH	男	原州区移民办副主任	办公室
8	HJL	男	宁夏移民局规划处副处长	办公室
9	GJ	男	原州区开城镇移民干部	开城镇综合办公室
10	MWS	男	原州区移民办干部	原州区移民办公室
11	HCY	男	原州区移民办主任	办公室
12	LXR	女	隆德县移民办干部	隆德县政府小型会议室
13	MJH	男	原州区中和乡移民干部	办公室
14	YNN	男	永宁县移民办干部	办公室
15	YNV	女	永宁县移民办干部	办公室
16	JYJ	男	永宁县教育局干部	会议室
17	WZC	男	M镇副镇长	副镇长办公室
18	MYL	男	M镇镇长	镇长办公室
19	LZW	男	隆德县沙塘镇副镇长	办公室

续表

序号	代码	性别	工作单位与职务	访谈地点
20	LXZ	女	隆德县山河乡副乡长	规划移民搬迁村
21	YJS	男	M镇计生干部	民生服务办公室
22	CYN	男	原州区中和乡干部	副乡长办公室
23	MBJ	男	固原市移民办干部	固原市移民办公室
24	LS	男	隆德县奠安乡干部	办公室

注：对部分政府官员的访谈是在同一地点、同一时间进行，具体见正文。

二 村干部（10人）

表2

序号	代码	性别	职务	访谈地点
1	SSJ	男	隆德县山河乡边庄村书记	办公室
2	MY	女	原州区开城镇上青石村新书记	办公室
3	MZX	男	M镇原隆村村主任	办公室
4	WXF	男	M镇原隆村副主任	村民生大厅
5	MQ	女	大学生村官兼M镇武河村副主任	村民生大厅
6	HZS	男	原州区开城镇黑茨沟村书记	开城镇政府院内
7	WYQ	男	曾任原州区三营镇塘湾村主任，现任M镇原隆村民小组组长	村民家
8	LR	男	曾任隆德县温堡乡大麦村书记，现任M镇原隆村民小组组长	办公室
9	CYD	男	曾任隆德县凤岭乡上梁村书记，现任M镇武河村副书记	村副书记家
10	HGB	男	曾任原州区开城镇上青石村书记，现任M镇原隆村副书记	村委会广场

注：访谈村干部指村书记、村主任、村副主任、村副书记，村民小组组长视为普通村民。

三 移民、待迁移民（59人）

表3

序号	代码	性别	身份	访谈地点
1	WLH	男	待迁移民	开城镇上青石村村小路
2	LB	男	赶集农民	开城镇农贸集市
3	MFS	男	移民	原隆村广场
4	SFQ	男	移民	村民家中
5	WBS	男	移民	原隆村广场
6	LZZ	男	移民	村民温棚内
7	MGR	男	待迁移民	开城镇村民家中
8	MYH	男	移民	原隆村巷子
9	ZNN	男	移民	原隆村巷子
10	GFZ	男	移民	村民家中
11	WYQ	男	移民	村民家中
12	WGB	男	待迁移民	村民家中
13	LJX	女	移民	原隆村巷子
14	MYH	男	移民	村民家中
15	SNR	男	移民	垃圾堆放沟
16	WSG	女	移民	康福小区院内
17	LH	男	移民	康福小区院内
18	XH	男	移民	原隆村巷子
19	CHY	男	移民	原隆村街道
20	JDZ	女	移民	康福小区院内
21	WQN	男	移民	移民家中
22	TWJ	男	移民	康福小区院内
23	LGZ	男	移民	移民家中
24	SHY	男	移民	移民家中
25	LZZ	男	移民	村民温棚内
26	YFJ	男	老移民	M镇政府前广场
27	WWL	男	老移民	M镇政府前广场
28	WMJ	男	移民	原隆村广场
29	RX	男	移民	原隆村巷子

续表

序号	代码	性别	身份	访谈地点
30	MXT	女	移民	原隆村巷子
31	LZX	男	移民	原隆村街道
32	GLB	男	移民	村内好再来餐馆
33	GDM	男	移民	原隆村巷子
34	GTZ	男	移民	原隆村街道
35	ZW	男	移民	原隆村街道
36	NQ	女	移民	村民家门口
37	MLB	男	移民	康福小区院内
38	JSZ	男	移民	原隆村巷子
39	FXQ	男	移民	村内回香餐馆
40	YHW	男	移民	村广场
41	GFZ	男	移民	村广场
42	LS	男	移民	原隆村巷子
43	WNZ	男	移民	村民家中
44	LH	男	老移民	公路旁绿化带
45	FQ	男	移民	村民家中
46	LJG	男	移民	葡萄地
47	WZL	男	移民	村民家中
48	ZWY	男	集中供养移民	隆德县集中供养点
49	GGH	男	集中供养移民	隆德县集中供养点
50	SRZ	男	集中供养移民	隆德县集中供养点
51	SCZ	女	移民	葡萄地
52	XN	男	移民	通往M镇中巴车上
53	WBS	男	移民	原隆村巷子
54	WJZ	男	移民	原隆村巷子
55	YW	男	移民	康福小区移民家
56	YWM	女	移民	康福小区移民家
57	HTZ	女	移民	康福小区院内
58	LF	男	待迁移民	山河乡村民家
59	RX	男	移民	村巷子

注：对同一"对象"进行多次访谈，所列访谈地点一般指频率较多的那次。

四 其他人员（9人）

表 4

序号	代码	年龄	工作单位与职务	访谈地点
1	LCL	51岁	移民房建设企业材料员	工地
2	YJL	39岁	移民房建设监理方负责人	工地
3	NZG	32岁	中银绒业M镇针织厂培训主管	企业培训部
4	LGL	36岁	中银绒业M镇针织厂管理部主任	办公室
5	JJL	46岁	福润园酒庄经理	酒庄葡萄地
6	GLZ	51岁	福润园酒庄管理者	酒庄葡萄地
7	NJL	47岁	宁夏壹泰牧业有限公司经理	办公室
8	DNM	35岁	宁夏壹泰牧业有限公司技术员	公司院内
9	WSY	40岁	隆德县移民集中供养点卫生员	供养点院内

注：其他人员指与移民发生直接关系的人员，他们或是雇用移民的企业的管理者，或是为移民安置提供服务者。

参考文献

一 政府文件

国家林业局，2015，《中国荒漠化和沙化状况公报》，12月29日。

国家发展计划委员会，2001，《关于易地扶贫搬迁试点工程的实施意见》（计投资〔2001〕2543号），9月。

宁夏回族自治区人民政府，1966，《关于实施"东西合作工程"的政策规定》（宁政发〔1996〕48号），4月5日。

宁夏回族自治区人民政府，2011a，《宁夏"十二五"中南部地区生态移民规划》，2月16日。

宁夏回族自治区人民政府，2011b,《宁夏回族自治区生态移民土地权属处置实施办法》（宁政发〔2011〕53号），5月13日。

宁夏回族自治区人民政府，2011c,《宁夏回族自治区生态移民资金管理暂行办法》（宁政发〔2011〕75号），5月16日。

宁夏回族自治区人民政府，2012,《关于进一步促进中南部地区生态移民的若干政策意见》（宁政发〔2012〕29号），2月9日。

宁夏回族自治区人民政府，2013,《关于印发宁夏生态移民迁出区生态修复工程规划（2013—2020年）的通知》（宁政发〔2013〕110号），10月31日。

参考文献

宁夏回族自治区人民政府办公厅，1990，《关于转发〈甘城子和扁担沟续建扬水工程现场办公会议纪要〉的通知》（宁政办发〔1990〕122号）。

宁夏回族自治区人民政府办公厅，2011，《关于做好生态移民就业培训和社会保障工作的通知》（宁政办发〔2011〕89号），5月20日。

宁夏统计局、宁夏第六次全国人口普查领导小组办公室，2011，《宁夏2010年第六次全国人口普查主要数据公报》，5月10日。

宁夏回族自治区宗教局，2011，《关于做好生态移民安置区宗教事务管理的通知》（宁宗发〔2011〕18号），4月13日。

宁夏回族自治区公安厅，2011，《宁夏"十二五"中南部地区35万移民户籍管理办法》和《公安机关服务保障"十二五"期间35万移民10项便民利民措施》（宁公发〔2011〕68号），9月16日。

宁夏回族自治区人口计生委，2011，《关于加强中南部地区生态移民人口和计划生育服务管理工作办法》（宁人口发〔2011〕30号），6月13日。

中共宁夏回族自治区党委，2010，《自治区党委、人民政府关于进一步扶持生态移民新村发展的若干意见》（宁党发〔2010〕46号），9月4日。

中共宁夏回族自治区党委办公厅、宁夏回族自治区人民政府办公厅，2012，《关于加强生态移民的若干意见》（宁党办〔2012〕53号），7月27日。

中共银川市委、银川市人民政府，2011，《关于进一步加快移民地区优势特色产业发展促进农民增收的意见》（银党发〔2011〕21号），4月9日。

中共永宁县委、永宁县人民政府，2014，《在农村开展"56789暖心工程"的实施意见（试行）》（永党发〔2014〕3号），1月13日。

中共固原市原州区委办公室、固原市原州区人民政府办公室，2012，《关于实施生态移民工作"五定三包"的通知》（原党办发〔2012〕29号），3月5日。

二 中文文献

（一）中文译著

〔法〕阿尔弗雷德·格罗塞，2010，《身份认同的困境》，王鲲译，社会科学文献出版社。

〔法〕阿兰·图海纳，2008，《行动者的归来》，舒诗伟、许甘霖、蔡宜刚译，商务印书馆。

〔印度〕阿马蒂亚·森，2001，《贫困与饥荒》，王宇、王文玉译，商务印书馆。

〔印度〕阿马蒂亚·森，2013，《以自由看待发展》，任赜、于真译，中国人民大学出版社。

〔美〕埃莉诺·奥斯特罗姆，2012，《公共事物的治理之道》，余逊达、陈旭东译，上海译文出版社。

〔美〕艾尔·巴比，2009，《社会研究方法》，邱泽奇译，华夏出版社。

〔英〕安东尼·吉登斯，1998a，《民族—国家与暴力》，胡宗泽、赵力涛译，生活·读书·新知三联书店。

〔英〕安东尼·吉登斯，1998b，《现代性与自我认同》，赵旭东、方文译，生活·读书·新知三联书店。

〔英〕安东尼·吉登斯，2011，《现代性的后果》，田禾译，译林出版社。

〔英〕安东尼·吉登斯，2016，《社会的构成：结构化理论纲要》，李康、李猛译，中国人民大学出版社。

〔美〕保罗·康纳顿，2000，《社会如何记忆》，纳日碧力戈译，上海人民出版社。

〔美〕本尼迪克特·安德森，2011，《想象的共同体：民族主义的起源与散布》（增订版），吴叡人译，上海人民出版社。

〔美〕彼得·L. 伯格、托马斯·卢克曼，2019，《现实的社会建构》，吴肃然译，北京大学出版社。

〔加〕卜正民，2005，《为权力祈祷：佛教与晚期中国士绅社会的形成》，张华译，江苏人民出版社。

〔美〕戴维·E. 阿普特，2011，《现代化的政治》，陈尧译，上海人民出版社。

〔美〕道格拉斯·C. 诺思，2014，《制度、制度变迁与经济绩效》，杭行译，格致出版社、上海三联书店、上海人民出版社。

邓正来、〔英〕J. C. 亚历山大编，2005，《国家与市民社会——一种社会理论的研究路径》，中央编译出版社。

〔美〕狄恩·普鲁特、金盛熙，2013，《社会冲突》，王凡妹译，人民邮电出版社。

〔法〕E. 杜尔干，1999，《宗教生活的初级形式》，林宗锦、彭守义译，中央民族大学出版社。

〔美〕杜赞奇，2010，《文化、权力与国家》，王福明译，江苏人民出版社。

〔德〕斐迪南·滕尼斯，2010，《共同体与社会》，林荣远译，北京大学出版社。

〔美〕费正清，1994，《费正清论中国》，薛绚译，正中书局。

〔德〕格奥尔格·席美尔，2009，《货币哲学》，朱桂琴译，光明日报出版社。

〔美〕华尔德，1996，《共产党社会的新传统主义》，龚小夏译，牛津大学出版社。

〔美〕黄宗智，2007，《经验与理论：中国社会、经济与法律的实践历史研究》，中国人民大学出版社。

〔美〕黄宗智，2014，《明清以来的乡村社会经济变迁：历史、理论与现实》（卷三），法律出版社。

〔美〕吉尔伯特·罗兹曼主编，2010，《中国的现代化》，国家社会科学基金"比较现代化"课题组译，江苏人民出版社。

〔美〕吉姆·斯达纽斯、费利西娅·普拉图，2011，《社会支配论》，刘爽、罗涛译，中国人民大学出版社。

〔德〕卡尔·A. 魏特夫，1989，《东方专制主义》，徐式谷等译，中国社会科学出版社。

〔英〕卡尔·波兰尼，2017，《巨变：当代政治与经济的起源》，黄树民译，社会科学文献出版社。

〔美〕L. 科塞，1989，《社会冲突的功能》，孙立平等译，华夏出版社。

〔美〕克利福德·吉尔兹，2004，《地方性知识：阐释人类学论文集》，王海龙、张家瑄译，中央编译出版社。

〔美〕肯尼斯·J. 格根，2011，《语境中的社会建构》，郭慧玲、张颖、罗涛译，中国人民大学出版社。

〔美〕兰德尔·柯林斯，2009，《互动仪式链》，林聚任、王鹏、宋丽君译，商务印书馆。

〔美〕李丹，2009，《理解农民中国》，张天虹、张洪云、张胜波译，江苏人民出版社。

〔美〕李怀印，2008，《华北村治：晚期和民国时期的国家与乡村》，岁有生、王士皓译，中华书局。

〔美〕鲁思·华莱士、〔英〕艾莉森·沃尔夫，2008，《当代社会学理论：对古典理论的扩展》，刘少杰等译，中国人民大学出版社。

〔法〕罗兰·巴尔特，1999，《符号学原理》，王东亮等译，生活·读书·新知三联书店。

〔英〕洛克，1982，《政府论》，瞿菊农、叶启芳译，商务印书馆。

〔德〕马克斯·韦伯，2010a，《经济与社会》，阎克文译，上海人民出版社。

〔德〕马克斯·韦伯，2010b，《新教伦理与资本主义精神》，于晓等译，陕西师范大学出版社。

〔英〕T. H. 马歇尔，2007，《公民身份与社会阶级》，郭忠华、刘训练编，江苏人民出版社。

〔美〕迈克尔·M. 塞尼编，1998，《把人放在首位：投资项目社会分析》，王朝刚、张小利等译，中国计划出版社。

〔美〕迈克尔·P. 托达罗、〔美〕斯蒂芬·C. 史密斯，2014，《发展经济学》，聂巧平、程晶蓉、汪小雯等译，机械工业出版社。

〔英〕迈克尔·曼，2015，《社会权力的来源》第一卷、第二卷，刘北成、李少军、陈海宏等译，上海人民出版社。

〔美〕曼瑟尔·奥尔森，1995，《集体行动的逻辑》，陈郁、郭玉峰、李崇新译，上海人民出版社。

〔法〕H. 孟德拉斯，2010，《农民的终结》，李培林译，社会科学文献出版社。

〔法〕米歇尔·福柯，2007，《规训与惩罚》，刘北成、杨远婴译，生活·读书·新知三联书店。

〔英〕莫里斯·弗里德曼，2000，《中国东南的宗族组织》，刘晓春译，上海人民出版社。

〔德〕尼克拉斯·卢曼，2013，《法社会学》，上海人民出版社。

〔美〕皮特·M. 布劳，2008，《社会生活中的交换与权力》，李国武译，商务印书馆。

〔荷兰〕皮特·何、〔美〕瑞志·安德蒙主编，2012，《嵌入式行动主义在中国》，李婵娟译，社会科学文献出版社。

〔英〕齐格蒙特·鲍曼，2012，《流动的生活》，徐朝友译，江苏人民出版社。

〔美〕乔尔·S. 米格代尔，2012，《强社会与弱国家》，张长东等译，江苏人民出版社。

〔美〕乔尔·S. 米格代尔，2013，《社会中的国家》，李杨、郭一聪译，江苏人民出版社。

〔美〕乔纳森·H. 特纳，2006，《社会学理论的结构》，邱泽奇、张茂元等译，华夏出版社。

〔法〕塞尔日·莫斯科维奇，2011，《社会表征》，管健、高文珺、俞容龄译，中国人民大学出版社。

〔美〕塞缪尔·P. 亨廷顿，2008，《变化社会中的政治秩序》，王冠华、刘为等译，上海人民出版社。

〔美〕施坚雅，1998，《中国农村的市场和社会结构》，史建云、徐秀丽译，中国社会科学出版社。

〔美〕W. L. 托马斯、〔波兰〕F. 兹纳涅茨基，2000，《身处欧美的波兰农民》，张友云译，译林出版社。

〔美〕威廉·盖尔斯敦，2008，《自由多元主义》，佟德志译，江苏人民出版社。

〔澳〕约翰·特纳，2011，《自我归类论》，杨宜音、王兵、林含章译，中国人民大学出版社。

〔美〕詹姆斯·C. 斯科特，2001，《农民的道义经济学：东南亚的反叛与生存》，程立显、刘建等译，译林出版社。

〔美〕詹姆斯·C. 斯科特，2007，《弱者的武器》，郑广怀、张敏、何江穗译，译林出版社。

〔美〕詹姆斯·C. 斯科特，2012，《国家的视角：那些试图改善人类状况的项目是如何失败的》，王晓毅译，社会科学文献出版社。

〔美〕詹姆斯·Q. 威尔逊，1995，《美国官僚政治》，张海涛等译，中国社会科学出版社。

〔美〕詹姆斯·S. 科尔曼，2008，《社会理论的基础》，邓方译，社会科学文献出版社。

（二）中文著作

包智明、任国英主编，2011，《内蒙古生态移民研究》，中央民族大学出版社。

白春阳，2009，《现代社会信任问题研究》，中国社会出版社。

陈潭，2012，《治理的秩序：乡土中国的政治生态与实践逻辑》，人民出版社。

陈嘉明,2006,《现代性与后现代性十五讲》,北京大学出版社。

陈向明,2000,《质的研究方法与社会科学研究》,教育科学出版社。

戴伟娟,2011,《城市化进程中农村土地流转问题研究》,上海社会科学院出版社。

邓正来,2008,《国家与社会:中国市民社会研究》,北京大学出版社。

董玲主编,2012,《西海固扶贫攻坚战》,阳光出版社。

狄金华,2015,《被困的治理》,生活·读书·新知三联书店。

范建荣,2006,《移民开发与区域发展》,宁夏人民出版社。

费孝通,1998,《乡土中国生育制度》,北京大学出版社。

费孝通,2006,《中国士绅》,中国社会科学出版社。

风笑天等,2006,《落地生根:三峡移民的社会适应》,华中科技大学出版社。

高永久等编著,2010,《民族社会学概论》,南开大学出版社。

固原市地方志编审委员会,2009,《固原市志》,宁夏人民出版社。

郭于华,2011,《倾听底层》,广西师范大学出版社。

贺雪峰,2012,《组织起来:取消农业税后农村基层组织建设研究》,山东人民出版社。

贺雪峰,2013,《新乡土中国》,北京大学出版社。

胡荣,2009,《社会资本与地方治理》,社会科学文献出版社。

黄承伟,2004,《中国农村:扶贫自愿移民搬迁的理论与实践》,中国财政经济出版社。

陆益龙,2007,《嵌入性政治与村落经济的变迁》,上海人民出版社。

陆学艺,2013,《"三农"续论:当代中国农业、农村、农民问题研究》,重庆出版社。

李培林、王晓毅主编,2013,《生态移民与发展转型》,社会科学文献出版社。

李宁主编,2003,《宁夏吊庄移民》,民族出版社。

李友梅、黄晓春、张虎祥等，2011，《从弥散到秩序："制度与生活"视野下的中国社会变迁》，中国大百科全书出版社。

李树燕，2012，《多民族边境社区民众生活与国家在场》，民族出版社。

刘晓春，2003，《仪式与象征的秩序：一个客家村落的历史、权力与记忆》，商务印书馆。

刘利鸽、靳小怡、费尔德曼，2014，《婚姻挤压下的中国农村男性》，社会科学文献出版社。

刘敏，2000，《山村社会——西北黄土高原山村社会发展动力研究》，甘肃人民出版社。

罗荣渠，2009，《现代化新论》，商务印书馆。

林聚任等，2016，《西方社会建构论思潮研究》，社会科学文献出版社。

马忠玉主编，2012，《宁夏应对全球气候变化战略研究》，阳光出版社。

马戎，2004，《民族社会学》，北京大学出版社。

马伟华，2011，《生态移民与文化调适：西北回族地区吊庄移民的社会文化适应研究》，民族出版社。

倪瑛，2012，《移民经济与西部地区发展》，科学出版社。

宁夏通志编纂委员会编，2008，《宁夏通志（地理环境卷）》，方志出版社。

宁夏回族自治区统计局、国家统计局宁夏调查总队编，2011，《宁夏统计年鉴2011》，中国统计出版社。

宁夏回族自治区统计局、国家统计局宁夏调查总队编，2012，《宁夏统计年鉴2012》，中国统计出版社。

荣敬本等，1998，《从压力型体制向民主合作体制的转变：县乡两级政治体制改革》，中央编译出版社。

色音、张继焦主编，2009，《生态移民的环境社会学》，民族出版社。

王铭铭，1997，《村落视野中的文化与权力——闽台三村五论》，生活·读书·新知三联书店。

王道勇，2008，《国家与农民关系的现代性变迁》，中国人民大学出版社。

王朝良，2005，《吊庄式移民开发——回族地区生态移民基地创建与发展研究》，中国社会科学出版社。

王茂福，2008，《水库移民返迁——水库移民稳定问题研究》，华中科技大学出版社。

王晓磊，2014，《社会空间论》，中国社会科学出版社。

吴海鹰、李文录、杜正彬主编，2008，《挑战贫困：宁夏农村扶贫开发20年回顾与展望》，宁夏人民出版社。

吴毅，2002，《村治变迁中的权威与秩序——20世纪川东双村的表达》，中国社会科学出版社。

吴毅，2007，《小镇喧嚣：一个乡镇政治运作的演绎与阐释》，生活·读书·新知三联书店。

谢元媛，2010，《生态移民政策与地方政府实践》，北京大学出版社。

萧功秦，2008，《中国的大转型：从发展政治学看中国变革》，新星出版社。

徐勇，2009，《现代国家乡土社会与制度建构》，中国财富出版社。

荀丽丽，2012，《"失序"的自然：一个草原社区的生态、权力与道德》，社会科学文献出版社。

杨云彦等，2008，《社会变迁、介入型贫困与能力再造》，中国社会科学出版社。

杨小柳、田洁编著，2011，《移出大石山区》，知识产权出版社。

杨念群，2001，《中层理论——东西方思想会通下的中国史研究》，江西教育出版社。

应星，2001，《大河移民上访的故事》，生活·读书·新知三联书店。

永宁县档案馆编，2020，《永宁年鉴2019》，黄河出版传媒集团。

永宁县党史县志办公室编，2011，《永宁年鉴2011》，内部资料。

永宁县史志编审委员会编，2009，《永宁县志（1978年~2008年）》（上、下册），宁夏人民出版社。

永宁县史志编纂委员会办公室编，2013，《永宁年鉴2013》，内部资料。

永宁县史志编纂委员会办公室编，2015，《永宁年鉴2015》，黄河出版传媒集团。

永宁县史志编纂委员会办公室编，2016，《永宁年鉴2016》，黄河出版传媒集团。

永宁县史志编纂委员会办公室编，2017，《永宁年鉴2017》，黄河出版传媒集团。

永宁县史志编纂委员会办公室编，2018，《永宁年鉴2018》，黄河出版传媒集团。

袁方主编，1997，《社会研究方法教程》，北京大学出版社。

邹谠，1994，《二十世纪中国政治：从宏观历史与微观行动的角度看》，牛津大学出版社。

郑杭生、杨敏，2010，《社会互构论：世界眼光下的中国特色社会学理论的新探索》，中国人民大学出版社。

赵利生，2009，《民族社会学》，民族出版社。

张静，1998，《国家与社会》，浙江人民出版社。

张静，2000，《基层政权——乡村制度诸问题》，浙江人民出版社。

张静，2006，《现代公共规则与乡村社会》，上海书店出版社。

张英洪，2013，《农民、公民权与国家》，中央编译出版社。

张有春，2014，《贫困、发展与文化》，民族出版社。

张体伟，2011，《西部民族地区自发移民迁入地聚居区建设社会主义新农村研究》，中国社会科学出版社。

周黎安，2008，《转型中的地方政府》，格致出版社、上海人民出版社。

左军、王紫云主编，2011，《民生见证》，阳光出版社。

中华人民共和国国家统计局编，2016，《中国统计提要2016》，内部资料。

中华人民共和国国家统计局编，2020，《中国统计年鉴2020》，中国统计出版社。

（三）论文

阿布力孜·玉苏甫、古丽苏木·艾买提，2006，《新疆少数民族生态文化与生态移民的关系研究》，《生态经济》第6期。

包智明、孟琳琳，2004，《生态移民研究综述》，《中央民族大学学报》第6期。

包智明，2006，《关于生态移民的定义、分类及若干问题》，《中央民族大学学报》第1期。

鲍勃·杰索普，1999，《治理的兴起及失败的风险：以经济发展为例的论述》，《国际社会科学杂志》第1期。

陈家建，2013，《项目制与基层政府动员》，《中国社会科学》第2期。

陈嘉明，2003，《"现代性"与"现代化"》，《厦门大学学报》第5期。

陈鹏，2008，《公民权社会学的先声》，《社会学研究》第4期。

陈锡文，2018，《实施乡村振兴战略，推进农业农村现代化》，《中国农业大学学报》第1期。

邓正来，1996，《国家与社会——回顾中国市民社会研究》，《中国社会科学季刊》第2期。

丁生忠，2014，《从"碎片化"到"整体性"：生态治理的机制转向》，《青海师范大学学报》第6期。

费孝通，1983，《家庭结构变动中的老年赡养问题》，《北京大学学报》第3期。

风笑天，2004，《"落地生根"？——三峡农村移民的社会适应》，《社会学研究》第5期。

冯猛，2009，《后农业税费时代乡镇政府的项目包装行为》，《社会》第 4 期。

葛根高娃，2006，《关于内蒙古牧区生态移民政策的探讨》，《学习与探索》第 3 期。

高永久、丁生忠，2012，《集体记忆与民族亲和力的建构》，《广西民族大学学报》第 6 期。

高丽萍，2007，《农民内源性现代化意识和社会主义新农村建设》，《理论研究》第 2 期。

高勇，2014，《重读〈社会冲突的功能〉》，《中国社会科学报》2 月 14 日。

郭湛、王维国，2009，《公共性的样态和内涵》，《哲学研究》第 8 期。

贺雪峰、罗兴佐，2008，《农村公共品供给：税费改革前后的比较与评述》，《天津行政学院学报》第 5 期。

贺雪峰，2007，《试论 20 世纪中国乡村治理的逻辑》，《中国乡村研究》第 5 辑。

郝亚明，2015，《民族互嵌型社区社会结构和社区环境的理论分析》，《新疆师范大学学报》第 4 期。

景军，2003，《移民、媒体与一位农村老年妇女的自杀》，《中国乡村研究》第 2 辑。

景跃进，1993，《"市民社会与中国现代化"学术讨论会述要》，《中国社会科学季刊》第 5 期。

景天魁，2014，《社会政策的效益底线与类型转变》，《探索与争鸣》第 10 期。

焦克源、王瑞娟，2008，《少数民族地区生态移民效应分析》，《内蒙古社会科学》第 5 期。

简斯·贝克尔特，2004，《经济社会学与嵌入性：对"经济行动"的理论抽象》，《经济社会体制比较》第 6 期。

罗柳宁，2004，《族群研究综述》，《西南民族大学学报》第 4 期。

罗兴佐，2006，《中国国家与社会关系研究述评》，《学术界》第4期。

李媛媛，2013，《内蒙古牧区生态移民城镇化问题研究》，《内蒙古统计》第3期。

李宗克，2003，《现代化与现代性：概念的清理》，《华东理工大学学报》第1期。

李军，2013，《东乡族生态移民社会适应研究》，兰州大学博士学位论文。

李强，2001，《后全能体制下现代国家的构建》，《战略与管理》第6期。

刘玉能、杨维临，2008，《社会行动的意外后果：一个理论简史》，《浙江大学学报》第3期。

刘学敏，2002，《西北地区生态移民的效果与问题探讨》，《中国农村经济》第4期。

刘学武，2011，《生态移民中政府权威与民间社会运作体系的互动》，中央民族大学博士学位论文。

陆益龙，2018，《乡村振兴中的农业农村现代化问题》，《中国农业大学学报》第3期。

廖志敏、谢元媛，2011，《制度变迁的经济原因与困难》，《中国农业大学学报》第3期。

林万龙、钟玲、陆汉文，2008，《合作型反贫困理论与仪陇的实践》，《农村经济问题》第11期。

吕德文，2018，《富人治村新解》，《读书》第8期。

梁宏信、何飞，2016，《"未预结局"：一个壮族社区社神信仰的断裂与重拾》，《重庆文理学院学报》第1期。

马明杰，2000，《权力经营与经营式动员：一个"逼民致富"的案例分析》，《清华社会学评论》特辑1。

宁夏环境科学学会，2012，《宁夏环境》6月特刊（内刊）。

皮海峰、吴正宇，2008，《近年来生态移民研究述评》，《三峡大学学报》第 1 期。

渠敬东,2012,《项目制:一种新的国家治理体制》,《中国社会科学》第 5 期。

冉冉,2013,《"压力型体制"下的政治激励与地方环境治理》,《经济社会体制比较》第 3 期。

孙立平,1997,《共产主义研究中的新制度主义理论》,《战略与管理》第 5 期。

孙立平,2000,《"过程—事件分析"与当代中国国家—农民关系的实践形态》,《清华社会学评论》特辑 1。

孙立平,2009,《中国社会结构的变迁及其分析模式的转换》,《南京社会科学》第 5 期。

孙立平、郭于华,2000,《"软硬兼施"正式权力非正式运作的过程分析》,《清华社会学评论》特辑 1。

孙立平、王汉生等,1994,《改革以来中国社会结构的变迁》,《中国社会科学》第 2 期。

折晓叶、陈婴婴,2011,《项目制的分级运作机制和治理逻辑》,《中国社会科学》第 4 期。

施国庆,2007,《生态移民权益保护与政府责任》,《吉林大学社会科学学报》第 5 期。

桑敏兰,2004,《论宁夏的"生存移民"向"生态移民"的战略转变》,《生态经济》第 S1 期。

陶格斯,2007,《生态移民的社会适应研究——以呼和浩特市蒙古族生态移民点为例》,中央民族大学硕士学位论文。

陶建钟,2014,《复合治理下的国家主导与社会自主》,《浙江学刊》第 1 期。

吴毅,2001,《"双重角色"、"经纪模式"与"守夜人"和"撞钟者"》,《开放时代》第 12 期。

王汉生、王一鸽,2009,《目标管理责任制:农村基层政权的实践逻辑》,《社会学研究》第 2 期。

王晓毅,2011,《生态移民:一个复杂的故事》,《开放时代》第 2 期。

王笛,1996,《晚清长江上游地区公共领域的发展》,《历史研究》第 1 期。

王小章,2013,《论以积极公民权为核心的社会建设》,《浙江学刊》第 4 期。

乌力更,2006,《社会公平与生态移民》,《理论研究》第 5 期。

乌力更,2007,《试论西部民族地区生态移民跨省安置与生态无人区的划定问题》,《贵州民族研究》第 2 期。

谢立中,2007,《结构—制度分析,还是过程—事件分析》,《中国农业大学学报》第 4 期。

谢小芹、简小鹰,2014,《国家项目地方实践的差异性表达及成因分析》,《南京农业大学学报》第 1 期。

徐勇、黄辉祥,2002,《目标责任制:行政主控型的乡村治理及绩效》,《学海》第 1 期。

向德平、雷茜,2012,《社会互构论视野下的统筹城乡发展模式研究》,《云南民族大学学报》第 2 期。

肖瑛,2014,《从"国家与社会"到"制度与生活":中国社会变迁研究的视角转换》,《中国社会科学》第 9 期。

邢成举,2014,《乡村扶贫资源分配中的精英俘获》,中国农业大学博士学位论文。

杨雪冬,2012,《压力型体制:一个概念的简明史》,《社会科学》第 11 期。

闫丽娟、张俊明,2013,《少数民族生态移民异地搬迁后的心理适应问题研究》,《中南民族大学学报》第 5 期。

闫秋源,2010,《社区的"位育"——对内蒙古一个生态移民社区的实地研究》,中央民族大学博士学位论文。

燕海鸣,2009,《集体记忆与文化记忆》,《中国图书评论》第 3 期。

叶国文，2005，《农民、国家政权与现代化》，复旦大学博士学位论文。

郑杭生、洪大用，1997，《现代化进程中的中国国家与社会》，《云南社会科学》第5期。

郑杭生、李棉管，2009，《中国扶贫历程中的个人与社会：社会互构论的诠释思路》，《教学与研究》第6期。

郑风田、杨慧莲，2019，《村庄异质性与差异化乡村振兴需求》，《新疆师范大学学报》第1期。

张汝立，2003，《目标责任制与手段选择的偏差》，《理论探讨》第4期。

张静，2014，《行政包干的组织基础》，《社会》第6期。

张静，1998，《政治社会学及其主要研究方向》，《社会学研究》第3期。

张丙宣、华逸婕，2018，《激励结构、内生能力与乡村振兴》，《浙江社会科学》第5期。

张文明、章志敏，2018，《资源、参与、认同：乡村振兴的内生发展逻辑与路径选择》，《社会科学》第11期。

周传斌，2001，《宁夏吊庄移民的民族关系和宗教生活》，《宁夏社会科学》第4期。

周建、施国庆、李菁怡，2009，《生态移民政策与效果探析》，《水利经济》第5期。

周黎安，2007，《中国地方官员的晋升锦标赛模式研究》，《经济研究》第7期。

周黎安，2014，《行政发包制》，《社会》第6期。

周飞舟，2006，《分税制十年：制度及其影响》，《中国社会科学》第6期。

周雪光、练宏，2011，《政府内部上下级部门间谈判的一个分析模型》，《中国社会科学》第5期。

赵光勇，2018，《乡村振兴要激活乡村社会的内生资源》，《浙江社会科学》第5期。

自然之友编，2001，《20世纪环境警示录》，华夏出版社。

三　英文文献

Blok, Anton, 1976, *The Mafia of a Sicilian Village 1860 – 1960: A Study of Violent Peasant Entrepreneurs*, Waveland Press.

Walder, Andrew G., 1986, *Communist Neo-Traditionalism: Work and Authority in Chinese Industry*, University of California Press.

Chayanov, Alexsandr Vasilevich, 1986, *The Theory of Peasant Economy*, University of Wisconsin Press.

Pollit, Christoppher, 2003, "Joined-up Government a Survey," *Political Studies Reviev* 1.

Harvey, David, 1989, *The Condition of Postmodernity: An Enquiry into the Origins of Cultural Change*, Blackwell.

Yang, Dali L., 1996, *Calamity and Reform in China: State, Rural Society, and Institutional Change Since the Great Leap Famine*, Stanford University Press.

Lampton, D. M., 1992, "A Plum for a Peach: Bargaining, Interest, and Bureaucratic Politics in China," in K. G. Lieberthal and D. M. Lampton (eds.), *Bureaucracy, Politics, and Decision Making in Post-Mao in China*, University of California Press.

Brazil, Peter Evans, 1979, *Dependent Develepment: The Alliance of Multinational, State, and Local Captial in Brazil*, Princeton University Press.

Perry, Elizabeth, 2002, *Challenging the Mandate of Heaven-Social Protest and State Power in China*, Harvard University Press.

Hobsbawm, Eric, 1986, "Comment in Reflecting on Labor in West

Since Haymaket: A Roundable Discussion," in J. B. Jenz and J. C. Macmanus (eds.), *The Newberry Papers in Family and Community History* 86 (2).

Perry, Elizabeth & Selden, Mark, 2000, *Chinese Society: Change, Conflict and Resistance*, Routledge.

Crowder, Kyle D. & Tolnay, Stewart E., 2000, "A New Marriage Squeeze for Black Women: The Role of Racial Intermarriage by Black Men," *Journal of Marriage and Family* 62 (3).

Gelissen, John, 2004, "Assortative Mating After Divorce: A Test of Two Competing Hypotheses Using Marginal Models," *Social Science Research* 33 (3).

Homans, George C., 1958, "Social Behavior as Exchange," *American Journal of Sociology* 63 (6).

Wallerstein, Immanuel, 1976, *The Modern Word-System*, Academic Press.

March, James G. & Olsen, Johan P., 1989, *Rediscovering Institutions: The Organizational Basis of Politics*, Free Press.

Jean, C. Oi, 1996, *Rural China Takes off: Incentives for Industrialization*, University of California Press.

Jin, Hehui, Qian, Yingyi & Weinganst, Barry R., 2005, "Regional Decentralization and Fiscal Incentives: Federalism, Chinese Style," *Journal of Public Economics* 89 (9).

Potter, Jonathan & Wetherell, Margaret, 1987, *Discourse and Social Psychology: Beyond Attitudes and Behavior*, Sage Publications.

Deutsch, Karl W., 1961, "Social Mobilization and Political Development", *The American Political Science Review*.

Lazear, Edward P. & Rosen, Sherwin, 1981, "Rank-Order Tournaments as Optimum Labor Contracts," *Journal of Political Economy* 89 (5).

Li, Lianjiang & Brien, Kevin O., 1996, *Villagers and Popular Resistance in*

Contemporary China, *Modern China*, Vol. XXII, No. 1, January.

Tsai, Lily, 2007, *Accountability Without Democracy: Solidary Groups and Public Goods Provision in Rural China*, Cambridge Studies on Comparative Politics, Cambridge University Press.

Madsen, Richard, 1984, *Morality and Power in a Chinese Village*, University of California Press.

Rankin, Mary Backus, 1993, "Some Observations on a Chinese Public Sphere," *Modern China* 19 (2).

Weber, Max, 1958, *Essays in Sociology*, Translated and Edited by H. H. Gerth and C. Wright Mills, Oxford University Press.

Montinola, Gabriella; Qian, Yingyi & Weinganst, Barry R., 1995, *Federalism, Chinese Style: The Political Basis for Economic Success in China*, Word Politics.

Elias, Norbert, 1969, *Uber Den Prozess Der Zivilisation: Soziogenetische- und Psychogenetische Untersuchungen*, Second Edition, Second Volum, Franche.

Fairclough, Norman, 1992, *Discourse and Social Change*, Polity Press.

Evans, Peter, 1979, *Dependent Development: The Alliance of Multinational, State and Local Capital in Brazil*, Princeton University Press.

Bourdieu, Pierre, 1998, *Practical Reason: On the Theory of Action*, Polity Press.

Landry, Pierry F., 2008, *Decentralized Authoritarianism in China: The Communist Party's Control of Local Elites in the Post-Mao Era*, Cambridge University Press.

Popkin, Samuel L., 1979, *The Rational: The Political Economy of Rural Society in Vietnam*, University of California Press.

Qian, Yingyi & Xu, Chenggang, 1993, *Why China's Economic Reforms Differ: The M-Form Hierarchy and Entry/Expansion of the Non-State Sector*, Economics of Transition.

Schoppa, R. Keith, 1982, *Chinese Elites and Political Change: Zhejiang Province in the Early Twentith Century*, Harvard University Press.

Rahman, Kanta & Rahman, M. M., 1998, *Participation for Development: A Resource Book on Strategy, Programmes and Procedures*, Manak Publications.

Merton, Robet, 1976, "The Unintended Consequence of Purposive Social Action," in *Sociological Ambivalence and Other Essays*, Free Press.

Scott, James C., 1976, *The Moral Economy of the Peasant: Rebellion and Subsistence in Southeast Asia*, Yale University Press.

Thomas, Alan, 2000, "Meaning and View of Development," in Tim Allen & Alan Thomas (eds.), *Poverty Development into the 21st Century*, Open University in Association with Oxford University Press.

Shue, Vivienne, 1988, *The Reach of the State: Sketches of the Chinese Body Politic*, Stanford University Press.

Zhou, Xueguang, 2012, "The Road to Collective Debt in Rural China: Government Bureaucracies and Public Goods Provision," *Modern China* 38 (3).

后 记

本书是在我的博士学位论文基础上修改完成的，主要探索乡村社会治理问题，尤其关注乡村现代化建设。扶贫开发是全球性的重大议题，联合国《2030年可持续发展议程》提出"在全世界消除一切形式的贫困"，这承载了21世纪人类对美好生活的期盼。中国的扶贫开发经历了粗放型、集约型和精准型三个阶段。本书以"动员"与"发展"为关键词，通过扶贫开发过程中发生的系列案例，分析国家与乡村社会的互动关系，探讨国家与基层政府之间的互动逻辑以及农民群众的行动方式。实际上，关于乡村问题的研究复杂而多元，特别是在国家乡村振兴战略提出后，拓展了许多问题的时空结构。

2012年我考入兰州大学攻读民族社会学专业博士学位，金城兰州是我比较熟悉的一个城市，之前在这里我相继获得了学士和硕士学位，并工作了几年。2017年本书获得宁夏社会科学院出版资助立项，并于2019年被纳入"宁夏社会科学院文库"，在社会科学文献出版社出版。

本书的写作与出版，得益于众多友人的帮助，借此机会谨表谢忱。感谢传道授业解惑的教授，调研中提供资料和数据的朋友，给本书提出宝贵修改意见和建议的专家评委，宁夏社会科学院同仁，社会科学文献出版社的编辑们。你们付出的劳动和贡献的智慧，都是鞭策我继续向前的动力。本书难免存在舛误,恳请各位专家、学者批评指正!

丁生忠
2020 年 3 月 26 日

图书在版编目（CIP）数据

动员与发展：生态移民中的国家与乡村社会／丁生忠著．--北京：社会科学文献出版社，2021.1（2023.2 重印）
（宁夏社会科学院文库）
ISBN 978-7-5201-7742-9

Ⅰ.①动… Ⅱ.①丁… Ⅲ.①扶贫-移民安置-研究-中国 Ⅳ.①F126

中国版本图书馆 CIP 数据核字（2021）第 018023 号

·宁夏社会科学院文库·

动员与发展：生态移民中的国家与乡村社会

著　　者／丁生忠
出 版 人／王利民
组稿编辑／刘　荣
责任编辑／单远举
文稿编辑／许文文
责任印制／王京美

出　　版／社会科学文献出版社（010）59367011
　　　　　　地址：北京市北三环中路甲 29 号院华龙大厦　邮编：100029
　　　　　　网址：www.ssap.com.cn
发　　行／社会科学文献出版社（010）59367028
印　　装／北京虎彩文化传播有限公司

规　　格／开　本：787mm×1092mm　1/16
　　　　　　印　张：14　字　数：206 千字
版　　次／2021 年 1 月第 1 版　2023 年 2 月第 2 次印刷
书　　号／ISBN 978-7-5201-7742-9
定　　价／98.00 元

读者服务电话：4008918866

版权所有 翻印必究